www.markopriske.de

ARIADNE VON SCHIRACH wurde 1978 in München geboren. Die Philosophin lehrt an der Berliner Universität der Künste und arbeitet als freie Journalistin und Kritikerin für Deutschlandradio Kultur und das Philosophie Magazin. Ihr 2007 erschienenes Buch »Der Tanz um die Lust« wurde zum Bestseller.

Ariadne von Schirach

DU SOLLST NICHT FUNKTIONIEREN

Für eine neue Lebenskunst

Tropen Sachbuch

MIX
Papier aus verantwortungsvollen Quellen
FSC® C083411

Alle Namen und Personen sind frei erfunden. Jegliche Ähnlichkeit mit lebenden und verstorbenen Personen ist rein zufällig.

www.tropen.de

Printed in Germany
Schutzumschlag: Herburg Weiland, München
Unter Verwendung des Bildes »Silver 97, 2012« von Wolfgang Tillmans
Courtesy Galerie Buchholz Berlin/Köln
Gesetzt von Dörlemann Satz, Lemförde
Gedruckt und gebunden von CPI – Clausen & Bosse, Leck
ISBN 978-3-608-50313-5

Vierte Auflage, 2014

Bibliografische Information der Deutschen Nationalbibliothek
Die Deutsche Nationalbibliothek verzeichnet diese Publikation in der Deutschen Nationalbibliografie; detaillierte bibliografische Daten sind im Internet über <http://dnb.d-nb.de> abrufbar.

Für meinen Vater

Thus we cover the universe with drawings we have lived.
Gaston Bachelard

INHALT

Vorwort

EIN UNBEHAGEN

oder von der Allgegenwart der Märkte und der Frage, was passiert, wenn (das) Leben selbst zur Ware wird

Er hat gegessen. Er hat getobt. Jetzt malt er, die Faust um einen grünen Filzstift geschlossen, konzentriert. Dann legt er den Stift weg und sagt in die Runde: »Es ist schön, dass ich auf der Welt bin.« Henri ist ein kleiner Junge, vier, vielleicht fünf Jahre alt. Manchmal brüllt er los, einfach so. Er schlägt auch gerne, aber er hat schon gelernt, es nur einmal zu tun und den unweigerlich folgenden Ermahnungen angemessen zerknirscht zu begegnen, den rosigen Mund großmütig verzogen. Henris Mutter hebt die Schultern und lässt sie langsam wieder sinken, während sie ausatmet und zum x-ten Mal hintereinander sagt: »Henri, nicht …« Und dann dieser Satz, Worte, die hell genug sind, an Saturn und Neptun vorbei ins Tannhäuser Tor zu leuchten, nimm das, du gleichgültiges Universum.

»Es ist schön, dass ich auf der Welt bin.« Sein eigenes Leben wahrhaftig zu leben heißt, immer wieder zu diesem Gefühl zurückzukommen. Dieses Gefühl ist der Anfang von allem und vielleicht auch der letzte Grund. Ein Grund, den man in sich selbst finden muss, weil es nicht genügen würde, wenn jemand zu einem sagte: »Du singst aber gut«

oder »Du bist klug«. Henri beispielsweise ist ein vollkommen nutzloser kleiner Teufel. Er hat auf der Welt noch nichts hinterlassen als Gestank, Geschrei und kreischendes Gelächter. Er kann nicht Ordnung halten, er hört nur, wenn es ihm passt, und auch auf der Toilette geht es immer noch ziemlich oft daneben. Es gibt folgsamere, intelligentere und schönere Kinder, aber es gibt nur einen Henri. In der gefühlten Unendlichkeit zwischen Urknall und dem Verglühen oder Erkalten unseres Planeten wird es niemals einen zweiten Henri geben. Wenn man ihn eine Weile schreien gehört hat, könnte man meinen, das sei auch besser so. Andererseits ist genau diese Einmaligkeit das, was jedes einzelne Mitglied unserer Spezies zugleich mit den anderen verbindet und von ihnen trennt.

Dass es deshalb schön ist, dass ich oder du oder wir alle auf der Welt sind, ist einerseits wahr, andererseits ein sozusagen *abhängiges* Urteil, weil es im Kern besagt: Weil man dich nicht nochmal gießen kann, bist du kostbar. Henri weiß nichts von seiner Einmaligkeit, und nichts interessiert ihn weniger. Er weiß ziemlich viel über Haie und Tiger und Ketchup, und er kann seinen Namen schreiben in Buchstaben, die schon fast gleich groß sind. Es ist schön, dass es ihn gibt, weil es schön ist, dass es ihn gibt. Diese Freude braucht keinen Grund, wie die Liebe keinen Grund braucht und doch tausend aufzählen könnte, wenn sie es müsste. Henri saß einfach am Tisch und hat gemalt und es war alles auf eine unaufgeregte Weise okay, also Essen da und Mama da und andere Menschen da, und das zusammen hat irgendwie genügt, um einen Satz auszusprechen, der ausreicht, um darauf ein halbes Leben zu bauen. Und die andere Hälfte?

Gleicher Satz, andere Richtung. »Es ist schön, dass du auf der Welt bist.«

Wie geht ein Mensch verloren und mit ihm das Gefühl, dass es nicht nur schön, sondern auch bedeutungsvoll ist, auf der Welt zu sein? Und wie geht zugleich die Welt verloren als ein Ort, an dem es Sinn und Liebe und Genießen gibt? Und was hat das eine mit dem anderen zu tun? Denn etwas stimmt nicht. Etwas stimmt ganz und gar nicht, und dieses Buch ist der Versuch, mein eigenes Unbehagen in Worte zu fassen. Denn es scheint, als würde sich die Welt nicht nur immer stärker beschleunigen, sondern dabei auch zunehmend aus dem Takt geraten. Als gäbe es mehr Angst und weniger Leichtigkeit als noch vor einigen Jahren. Woran liegt das? Sicher spielen die Folgen von Globalisierung und Digitalisierung eine Rolle. Aber wesentlicher scheint mir, dass wir in einer Zeit leben, in der Märkte und damit Marktstrukturen immer mehr Raum einnehmen. Mit ihnen wächst das Interesse an effizienten Abläufen, messbaren Ergebnissen und maximalen Erträgen. Über diese Ökonomisierung unserer Welt ist schon viel geschrieben worden. Diese Bücher sprechen vom Gespenst des Kapitals, von der Geschichte der Schulden, von dem, was man für Geld nicht kaufen kann. Einen kommenden Aufstand soll es geben, empören sollen wir uns und engagieren sollen wir uns auch. Und natürlich Widerstand leisten – gegen die Ausbeutung, gegen die geistige Verflachung, gegen das ganze falsche Leben.

Aber was genau haben die Märkte damit zu tun? Was sind überhaupt Märkte? Zunächst Orte, an denen Dinge verkauft und gekauft werden. Das heißt, dass alles, was dort gehandelt wird, beziffert wird, also einen Preis hat. Dieser Preis richtet sich nach Angebot und Nachfrage. Preise ergeben sich also durch Vergleiche. Deshalb ist der Marktwert, also der Preis einer Sache, immer relativ – während menschliche Werte als absolute Werte, also Werte an sich, definiert und gesetzt werden müssen. Warum sind Märkte interessant? Weil sich heutzutage nicht nur alles in einen Markt zu verwandeln scheint, sondern weil Marktnormen dabei andere Normen verdrängen. Oder besser gesagt: andere Normen korrumpieren. Wenn man zum Beispiel soziale Privilegien einfach kaufen kann, entstehen neue Formen der Ungerechtigkeit: Wenn Bildung beziehungsweise Hochschulzugänge für Geld zu haben sind, profitieren allein jene, die es sich leisten können. So wird soziale Mobilität verhindert. Von sozialer Gerechtigkeit ganz zu schweigen. Marktstrukturen neigen dazu, Machtverhältnisse zu verschärfen oder gar zu zementieren. Andererseits verlieren Dinge, die einen Preis zugewiesen bekommen, zugleich an Wert. Wenn Doktorarbeiten käuflich sind, wird die Akademie dadurch entwertet. Wenn man eine Festrede für die Hochzeit eines Freundes im Internet erwirbt, ist sie irgendwie schal. Schenkt man Geld statt eines ausgewählten Präsents, verschwinden die Liebe und Achtsamkeit des Gebens. Alles, was übrigbleibt, ist eine Summe, die dem anderen sagt, was er mir wert ist. Oder wie viel ich mir diese Freundschaft kosten lasse. Womit wir beim Stichwort wären. Es geht um Geld. Aber es geht nicht nur um Geld. Es geht um Profit. Es geht darum, den größtmöglichen Nutzen mit den geringstmöglichen Kosten zu verbinden. Es geht um Effizienz, Kontrolle und Berechenbarkeit. Es geht um Ausbeutung. Damit einher geht eine ganz bestimmte Art und Weise, die Welt zu sehen. Das ist ein kühler Blick, der abwägt, was nützlich und was überflüssig ist, wo man sparen kann und wo man investieren sollte. Und was der Mühe nicht mehr lohnt. So brauchbar diese Überlegungen vielleicht beim Schrotthandel sein mögen, so falsch erscheinen sie, wenn es um die Natur, uns Menschen oder unsere kulturellen und sozialen Institutionen geht. Doch immer noch wird, vor allem von den klassischen Wirtschaftswissenschaften, ein Menschenbild propagiert, das die zunehmende Allgegenwart von Märkten nicht nur legitimiert, sondern auch fördert. Der sogenannte »homo oeconomicus« ist rational. Er handelt nach einer blitzschnell kalkulierten Kosten-Nutzen-Rechnung, die ihn befähigt, aus jeder Situation das Beste für sich herauszuholen. Wenn diese Erklärung über das Wesen des Menschen gültig ist oder geglaubt wird, erscheinen Märkte sowohl vernünftig als auch gerecht. Doch zugleich scheinen Märkte diese Art des rationalen Verhaltens zu *produzieren*, weil Kalkül die beste Weise ist, innerhalb von Marktstrukturen zu agieren. Was macht es mit dem Menschen, wenn es sowohl vernünftig als auch gerecht erscheint, auf den eigenen Vorteil bedacht zu sein? Er neigt dazu, sich dieser Erwartung anzupassen. Weil er alles richtig machen will. Und weil wir Menschen von Natur aus ziemlich egoistisch sind. Aber wenn Berechnung, Eigennutz und Konkurrenzdenken nichts mehr sind, wogegen man ankämpfen sollte, weil es verwerflich ist und widerwärtig, sondern etwas, das richtig scheint, gewinnbringend und sogar glücksverheißend, dann haben wir ein Problem. Warum soll ich denn alle anderen Menschen respektieren oder gar lieben, wenn für mich nichts dabei rausspringt, außer vielleicht ein paar gute Gefühle? Warum soll ich dem anderen was abgeben, wenn doch jeder an allem selber schuld ist? Und warum soll ich mich für irgendwas einsetzen, was ich alleine sowieso nicht ändern kann?

Was macht dieses Denken mit uns und unserer Welt? Es leuchtet ein, dass der einzelne Mensch Empathie, Komplexität und Herzenswärme zu verlieren droht – ob als eigennütziger Marktgewinnler oder als resignierter Marktverlierer. Aber auch unsere gemeinsam bewohnte Welt scheint sich dadurch in einen kälteren und gröberen Ort zu verwandeln. Doch der Mensch ist nicht nur Marktteilnehmer – er selbst ist zum Produkt geworden. Damit einher geht die Notwendigkeit unablässiger Selbstoptimierung. Ständige Selbstbeschau, -kontrolle und -ausbeutung sind das Wesen des Markt gewordenen Menschen. Dieser Vorgang ist so umfassend und folgenreich, dass dieses Buch nur gewisse Aspekte beleuchten kann, wie zum Beispiel unsere Beziehungen zu unserem Körper, zur Natur, zu uns selbst und zu unserem Gegenüber.

Optimierung scheint immer noch ein positiver Begriff zu sein, verbunden mit dem Projekt der Moderne und dem Glauben an den Fortschritt, soll doch alles schneller und besser werden, innovativ und nützlich zugleich. Doch dahinter stecken oft genug Selbst- und Fremdverwertung, Gleichmacherei und Überwachung und ein zugleich immer fühlbarer werdender Verlust von Sinn und Lebendigkeit. Im Zeitalter der Optimierung wird der menschliche Leib zum Produkt, die Natur zur Ressource und der andere Mensch zum Spielstein für die eigenen Absichten. Der Einzelne ist dazu angehalten, sich einerseits zu Markte zu tragen und sich andererseits als Unternehmer seiner selbst immer umfassender auszubeuten. Das ist auch das zutiefst Pornographische an unserer Zeit – ist nicht die Hure der Prototyp eines Menschen, der etwas verkauft, das eigentlich keinen Preis hat?

Doch es geht nicht nur um unsere fortschreitende Entfremdung. *Du sollst nicht funktionieren* ist ein Buch über das Genießen, über den Widerstand und über die Liebe. Und eine Anstiftung, all das zu verteidigen, wofür es sich zu leben lohnt. Dafür erzählt es Geschichten aus der späten Moderne. Ich schreibe von Menschen, die wählen können, und ich denke, es ist interessant, was sie gewählt haben und warum.

1. Kapitel

STRESSKÖRPER

oder von Ausgehungerten, Einbalsamierten und den Freuden des Leibes

Sie sieht hungrig aus. Sie sieht so schrecklich hungrig aus, die Arme dünn, die Augen einen Tick zu groß, der Bauch so flach wie der Hintern, und die Designerhose passt, als wäre sie für Anna Abramovic, 29, Social-Media-Beraterin, gemacht. »Ich ess den ganzen Tag«, sagt sie und bittet um ein Nicken, und du blickst stumm auf ihren Teller, Salat ohne Sauce, mageres Hühnchen und brauner Reis, und nickst, weil es nichts zu sagen gibt.

Anna ist ein Hungermädchen, eine der vielen Dienerinnen der Göttin Anorexia, die Schulterblätter wie Engelsflügel verspricht, Designersachen und einen Hauch Unsterblichkeit. Man darf ihr nur nicht zu nahe kommen, sonst geht man drauf. Anna hat das sofort begriffen. Sie ist nicht magersüchtig. Sie ist nur sehr dünn. Sich der Erdenschwere entgegenstemmen, leicht und rein und zart werden – dieser stille Triumph über die eigenen Bedürfnisse kann süchtig machen und Halt versprechen in dieser ungewissen Zeit. Letzten Endes geht es um Kontrolle. Jede dürre Frau ist eine kleine Skulptur aus Überlegenheit – Vorwurf und Vorbild in einem.

Das Hungermädchen ist eine typisch spätmoderne Erscheinung, es bevölkert Magazine, Plakatwände, Modenschauen und die Bildwelten des Netzes. Die Designer lieben es, weil es keine Frau ist, sondern ein alterloses Wesen nicht vor, sondern *neben* der Geschlechtsreife – ein perfekter Kleiderständer für ihre Visionen. Das Hungermädchen gibt ein gutes Bild ab, ob als Model oder als Selbstdarstellerin auf Facebook oder Flickr. Es beherrscht die Kunst, sexy auszusehen, ohne wirklich sexy zu sein, weil man es ja kaum anfassen darf, das ausgemergelte Körperchen, das eher zäh ist als weich und eher verkniffen als großzügig. Und ein bisschen unheimlich ist es auch. Irgendwo muss er ja hin, der ganze Hunger, und so hat man manchmal das Gefühl, in eine wohl präparierte Falle zu laufen, weil da nirgends mehr Entspannung ist, sondern nur dieses unstillbare Bedürfnis, das Aufmerksamkeit will oder Bewunderung. Es gibt auch Hungerjungen, die ihre dünnen Beinchen in enge Hosen stecken und zarte Knöchelchen unter hochgekrempelten Hosenbeinen zeigen. Aber meistens wird in Bezug auf Körperideale noch klassisch geschlechtergetrennt. Die Frauen sollen dünn sein und die Männer kräftig und muskulös. So entstehen diese aufgepumpten Fitnesskörper, in denen oft nur ein ganz kleiner Junge steckt, der von seinem Körperanzug spazieren geführt wird. Das sind meistens Teenagerphänomene, wie auch das Hungermädchen tendenziell unter 30 ist, weil es auf Dauer einfach nicht geht mit dem ungehorsamen Fleisch, das sich erdwärts neigt. Aber darauf sollte man nicht wetten, vor allem nicht, wenn ein entschlossener Mensch darin steckt, der es ganz alleine aufnehmen will mit den brutalen Bildern der Gegenwart.

Denn das Altern ist eine Art lästige und vor allem selbstverschuldete Krankheit geworden, eine Krankheit, die immer weiter hinausgezögert wird. »50 ist das neue 30«, sagen die Menschen in den Großstädten, und man spürt, dass dahinter eine ganz ungeheure Gier nach Jugend-Schönheit-Leben steckt. Eine Gier, die nicht lockerlassen wird, auch in Zukunft nicht, da können die Jungen noch so viel schreien. Aber sie schreien nicht, die Jungen, sie sind mit sich selbst beschäftigt und stolzieren und paradieren und zeigen das Einzige, was die Gesellschaft noch von ihnen wahrzunehmen bereit ist: ihr makelloses Äußeres oder ihren makellosen Geschmack. Die Jungen sind also quasi kaltgestellt, auch weil sie ahnen, dass schon der bescheidene Wohlstand ihrer Eltern für sie nur durch wesentlich größere Anstrengungen erreichbar sein wird, und sie deshalb schon früh ebenso verbissen an ihrer beruflichen Zukunft wie an ihrem Aussehen arbeiten. Wobei sich beides mehr und mehr zu vermischen scheint.

Sie haben auch allen Grund, Angst zu haben, die Jungen, weil die Welt gerade von den saft- und kraftvollen 30- bis 50-Jährigen beherrscht wird, die mit starken Kiefern die Wirklichkeit zerbeißen und verformen. Die Mittelschicht verschwindet, aber die Mittelalten setzen sich durch. Sie besetzen die Jugend und die Symbole der Jungen, die sich nicht anders wehren können als durch totalen und gläubigen Konformismus. Und sie entmachten die Alten, deren beginnender Unmut schon im Keim erstickt wird durch die Drohung: »Pflegefall«. Die Jugend, um die es in allen Magazinen und Fernsehbeiträgen und Internetplattformen geht, ist immer schon eine *reife* Jugend. Die Albernheiten der Teenager sind ebenso wenig gefragt wie die Besonnenheit des Alters. Der ideale Körper der Gegenwart ist ein *professionell* junger Körper, der von einem mittelalten Menschen bewohnt wird. Sein Geltungsbereich versucht sich von der Mitte des Lebens aus so weit wie möglich in die Jugend und ins Alter hinein auszudehnen. Schauspielerinnen wie Jennifer Aniston, Demi Moore und Sharon Stone lassen die Weltöffentlichkeit schon seit Jahren teilhaben am Sieg des Willens, also des Geldes, der Disziplin und der Technik gegen die Natur, also gegen die Schwerkraft, das Alter und den Verschleiß. Und so reicht die Spanne mittlerweile vom Fitness-Teen bis zum Best Ager, der aussieht wie der Fitness-Teen, nur dass seine vollen Haare weiß sind und ein zarter Faltenkranz seine strahlenden Augen umwindet. Den Best Ager haben sich die Marketingleute ausgedacht – eine neue Menschenschablone, in die sich die Masse der finanzkräftigen Alten ergießen soll, um weiter teilzuhaben am großen Spektakel Gegenwart und seinem unendlichen Nachschub an Produkten. Für alle anderen sieht es düster aus. Unsere Gesellschaft toleriert keine Schwäche mehr. Deshalb verschwinden die schlechtergestellten Alten nicht nur langsam aus den Innenstädten, sondern werden oft genug in Heime abgeschoben. Zum Pflegefall zu werden bedeutet nicht nur, aus seiner vertrauten Umgebung gerissen zu werden, sondern vor allem, auf andere Menschen angewiesen zu sein. Manchmal geht das gut. Manchmal aber auch nicht, und immer wieder hört man Geschichten von Alten, die vernachlässigt oder misshandelt wurden. Warum ist das so? Weil der Markt weder vor Krankenhäusern noch Altersheimen haltmacht und zunehmend dem Billigen statt dem Besseren der Vorzug gegeben wird. Auch viele Ärzte sind wütend und ein bisschen verzweifelt, wenn sie davon erzählen, wie es ist, plötzlich in einem Unternehmen zu arbeiten, das Gewinn erwirtschaften muss, und nicht mehr in einem Krankenhaus, das Menschen heilt.

Barnabas Mbeki ist Palliativmediziner; er begleitet Menschen beim Sterben. Er mag seinen Beruf, liest philosophische Bücher und historische Biographien und zitiert gerne Viktor Frankl. In dem Kreiskrankenhaus, in dem er arbeitet, hat sich einiges verändert. Es gibt jetzt Zeitpläne, die dafür sorgen, dass das Humankapital voll ausgenutzt wird, was heißt, dass die Schwestern ständig springen müssen und nicht mehr Hüterinnen einer Station sind, wo sie alles kannten und alles wussten. Es heißt auch, dass die Betten der Kranken verschoben werden wie Güter in einer großen Lagerhalle – ist irgendwo eine Lücke, kommt da ein Bettchen rein, ganz egal in welche Abteilung. Vor allem aber gibt es nur noch eine gewisse Anzahl von Stunden, die das Krankenhaus für den einzelnen Kranken bei den Krankenkassen abrechnen kann, die sogenannte »Fallpauschale«. Und dann sitzt man bei einem Sterbenden, der über seine Hoffnungen und seine Ängste reden will, und schaut auf die Uhr und muss sagen: Entschuldigung, Ihre Zeit ist abgelaufen. Macht Barnabas natürlich nicht. Sondern arbeitet extra, unbezahlt, damit es einen Anstand gibt auf Erden. Aber müde ist er geworden und viel Zeit für seine Bücher hat er auch nicht mehr.

Es gibt also die sichtbaren Körper der Gegenwart, die Hungermädchen, die aufgepumpten Jungen und die allgegenwärtigen Fitnessleiber, und es gibt die unsichtbaren

Körper, die alten, gebrechlichen und kranken, die umso weniger geachtet werden, je mehr der Eindruck entsteht, man sei an diesen Unzulänglichkeiten wirklich selber schuld. Weil wir doch wissen, wie es richtig geht: Ernährung, Bewegung, Selbstkontrolle. Oder? Schuldig sind auch die Versagerkörper, die watschelnden, schwankenden und unförmigen Behausungen all derer, die an sich selbst gescheitert sind. Der Dicke ist mittlerweile fast ein schlechter Mensch, vor allem, weil er den anderen *auf der Tasche liegt* mit seinem ungesunden Verhalten; seine Fettleibigkeit ist ein Problem, das auch als solches angesprochen wird. Einerseits werden alle Arten von gesundheitsschädlichem Verhalten wie übermäßiges Essen oder die Weigerung, sich zu bewegen, schon von einigen Krankenversicherungen bestraft, deren disziplinierte Mitglieder im Gegenzug Vergünstigungen und Rückzahlungen erhalten. Andererseits gibt es immer mehr psychologische, psychoanalytische und ernährungswissenschaftliche Theorien über die Fetten. Die Ernährungswissenschaft hat festgestellt, dass vor allem die Amerikaner geradezu professionell mit Corn-Syrup gemästet werden, einem aus Maismehl gewonnenen Süßungsmittel, das in fast allen Arten von Junkfood steckt. Die Psychologie weist darauf hin, dass manchmal ein seelischer Mangel durch leibliche Fülle kompensiert wird. Auch die Psychoanalyse gibt zu bedenken, dass der unförmige Körper eine Art »ungelebtes Leben« darstellt, also den Ort, an dem das *Reale* einer Existenz sich ausdrückt, sei es eine Verzweiflung, ein Unbehagen oder ein unaussprechbares Leid. Der Dicke will ja nicht dick sein, wer will schon fett sein oder alt oder unglücklich in dieser schönen neuen Welt, aber im Gegensatz zu den Dünnen schafft es der Dicke einfach nicht, sich zu beherrschen. Dadurch verrät er nicht nur sich selbst, sondern auch den Geist einer Zeit, die zugleich immer beschleunigter und immer gewichtsloser wird. Der Finanzmarkt hat sich schon lange verflüssigt und die Geldströme des Hochfrequenzhandels jagen schneller über den Globus, als der Mensch zu folgen vermag. Solidarisch versuchen sich auch die Körper vom Irdischen zu lösen, schwerelos zu werden und widerstandsfrei. In einer derart gravitationsarmen Welt stehen die Aktien gut für Anorexia, deren Glaubensbekenntnis »Man kann nie zu dünn oder zu reich sein« immer wieder zeitgemäße Aktualisierungen erfährt. Vor einiger Zeit sagte das Model Kate Moss: »Nichts schmeckt so gut, wie dünn sein sich anfühlt.« Man muss sich fast davon abhalten, mechanisch zu nicken. Dieser Satz klingt so wahr, dass es geistiger Anstrengung bedarf, von ihm Abstand zu nehmen. Beim Baden sieht man manchmal diejenigen, die ein bisschen zu weit gegangen sind, und zuckt instinktiv zusammen – die erste Reaktion auf ein hautbespanntes Skelett ist ursprüngliches Entsetzen, egal wie viele man schon gesehen hat. Aber wann ist weit zu weit? Da gehen die Meinungen auseinander wie die Hüften derer, die zu viele Kinder auf die Welt gebracht haben. Die Skelettförmigen sind ein unheimlicher Außenposten der späten Moderne, umso unheimlicher, als ihre Körperzwillinge am anderen Ende der Welt essen wollen, aber nicht können, während die hiesigen essen könnten, aber nicht wollen. Im Gegensatz dazu sind das Hungermädchen und der Hungerjunge immer genau diesseits der Grenze. Sie wollen gut aussehen und vor allem gut *wirken*. Ihr schlimmster Feind ist nicht das Fett, sondern der Kontrollverlust, und das macht ihre perfekten Körperchen noch einen Tick unheimlicher als die der hoffnungslosen Skelette, denen die Kontrolle längst entglitten ist. »Who's perfect?«, das ist die Frage dieser Tage. Das ausgemergelte Skelettchen straft sein eifriges Nicken sozusagen eigenhändig Lügen, während das Hungermädchen leise sagt: »Maybe me?« Auch die Social-Media-Beraterin Anna ist seltsam *bescheiden*; die narzisstische Lust an der eigenen Perfektion wird gut versteckt. Das persönliche Auftreten hat vor allem anstrengungslos zu sein oder vielmehr zu wirken, wie auch das Styling in jedem Fall casual ist, als müsse man um jeden Preis den Eindruck vermeiden, man habe sich irgendwie Mühe gegeben. Das alles erzeugt eine perverse Art von Natürlichkeit, die von den Hungermädchen und -jungen geschickt gepflegt wird. Man stelle sich Anna vor, wie sie an einem Cafétisch sitzt, die Haare lang und schimmernd, die Arme dünn, aber kräftig, eine enge Hose, eine Seidenbluse, ärmellos, die Nägel frisch lackiert, die Füße in kleinen Schnürstiefelchen steckend, die zugleich robust und elegant wirken. Das Make-up ist natürlich perfekt, oder besser: perfekt natürlich, und die Sonnenbrille ist, wie immer, ein bisschen zu groß. Anna hat ihre Brille mittlerweile abgesetzt und sieht so reizend aus, so frisch und modern und irgendwie anständig, dass einem vor Bewunderung ganz angst und bange wird. Doch würde man sie darauf ansprechen, wüsste sie nur zu sagen: So bin ich eben. Und das ist nichts als eine miese kleine Lüge, die in aller Beiläufigkeit die ganze Arbeit verschleiert, die hinter dieser lässigen Perfektion steckt: die ausgedehnte Körperpflege, das strikte

Essregime, die unendliche Zeit, die aufgewendet wird, immer *up to date* zu sein. Und es ist nicht einmal eine harmlose Lüge, sondern eine kränkende, weil sie Anna nicht nur zu einem schlankeren, sondern fast zu einem *besseren* Menschen macht, dem so einfach zugefallen scheint, was andere sich hart erarbeiten müssen. Oder woran sie kläglich scheitern.

Das ist aber nur eine Seite der Medaille. Vielleicht würde Anna mit ihrer Aussage »So bin ich eben« tatsächlich nicht lügen, zumindest nicht bewusst. Unablässige Selbstbeschäftigung und Selbstkontrolle gehören zu dem, was »man gerade eben so macht«. Deshalb sehen sie alle gleich aus, die Hungermädchen und Hungerjungen, ob in Kopenhagen, New York oder Berlin-Mitte. Sie lesen die gleichen Modeblogs und kaufen die gleichen Marken und verstehen alle etwas von Haarpflege und organischer Hautcreme. Und obwohl sie ahnen, dass sie gerade nur tun, was alle tun, gefallen sie sich immer wieder in der Illusion, als Einzige verstanden zu haben, wie der Hase läuft. Aber das ist falsch. Jede Zeit hat ihr eigenes Körperideal, das sich an Einzelnen abbildet und buchstäblich von ihnen verkörpert wird. In anderen Zeiten hätte wahrscheinlich jemand auf Anna geblickt und gedacht: »Das arme Ding sieht ja ganz verhungert aus!« Diese Perspektive ist unabdingbar, wenn man dem dumpfen Zauber der Gegenwart entfliehen will, dessen mächtigste Kraft in der Illusion besteht, alles sei immer schon so gewesen. Mitnichten. Der historische Blick macht die Veränderbarkeit der Dinge denkbar und gestattet zugleich die Frage, ob ein Wert, ein Ideal oder eine Gewohnheit nützlich oder vielmehr, verglichen mit der Erfahrung anderer Werte und Gewohnheiten und Ideale, vielleicht sogar schädlich ist. Denn eines lässt sich mit Gewissheit sagen: Der ideale Körper unserer Tage ist, wenn auch hübsch anzusehen auf Bildern oder im Fernsehen, sehr zeitraubend. Vielmehr: Sein Erwerb und sein Erhalt bündeln ungeheure Anstrengungen und Kräfte, die dann anderswo fehlen. Es lohnt sich, darüber nachzudenken, wo genau sie denn fehlen. Vielleicht auch mit einem Blick auf die Kultur der griechischen Antike, die ebenfalls großen Wert auf körperliche Vollkommenheit legte, wenngleich ihre idealen Physiognomien eher athletisch waren als dünn oder aufgepumpt. Doch vor allem war ein schöner Körper bei den Griechen Ausdruck einer schönen Seele, eine sinnliche Beigabe zum Sittlichen und diesem dabei unbedingt untergeordnet. Während es bei uns schon auszureichen scheint, an einem Tisch sitzend oder für ein Foto posierend gut auszusehen. Das ideale Äußere unserer Tage ist also nicht mehr ein Verweis auf mögliche innere Werte. Es ist ein innerer Wert an sich. Und so fragt sich, was mit den *echten* inneren Werten geschieht, wenn die ganze Energie dafür draufgeht, so auszusehen, als hätte man welche.

Der Körper jedoch muss nicht nur dargestellt und präsentiert – jedes Fitnessstudio eine Arena, jede Straße ein Laufsteg –, sondern vor allem auch bewirtschaftet werden. Er ist nicht mehr der Ort, von dem aus die Welt sinnlich erfahren wird. Stattdessen tritt man aus ihm heraus, um ihn wie ein Objekt zu behandeln, das nach den eigenen Vorstellungen in Form gebracht wird. Letzten Endes ist diese Arbeit am eigenen Spiegelbild eine ziemlich bruchlose Form des allgegenwärtigen Narzissmus. Doch durch die

Verdrängung und Verschleierung dieser Praktiken scheint das schöne Äußere wie ein unbegründeter Segen, den man durch irgendeine geheime Wesensvollkommenheit verdient hat. Weil man alles richtig macht. Weil man ein guter Mensch ist. Doch man muss nicht nur auf eine völlig beiläufige Weise natürlich schön sein, sondern auch vollkommen gesund. So wird Gesundheit zum Gesundheitsdruck, begleitet von Genussverzicht und einer seltsamen Dumpfheit, die in scharfem Kontrast zu der gleichzeitig geforderten Vitalität und Jugendlichkeit steht. Der erfolgreiche Mensch des 21. Jahrhunderts ist derjenige, der es schon bei Lebzeiten geschafft hat, sich im physischen Alter von 16 bis 21 einzubalsamieren.

Sara Lindner ist 34 Jahre alt und arbeitet als Empfangsdame in einem modernen Hotel. Sie ist gut in ihrem Job, herzlich und hat einen Sinn fürs Praktische. Seit fünf Jahren hat sie einen Freund, sie haben noch keine Kinder. Weil sie ziemlich klein ist, hat sie eine Vorliebe für hohe Schuhe. Immer wieder denkt sie darüber nach, ob es nicht besser für ihre Füße wäre, flache Absätze zu tragen. Zweimal in der Woche geht Sara ins Fitnessstudio, um dort eine Stunde am Crosstrainer zu verbringen und danach in die Sauna zu gehen. Sie raucht keine Zigaretten, trinkt keinen Alkohol und achtet darauf, genügend Wasser zu trinken. Ihren Kaffeekonsum hat sie auf zwei Tassen täglich limitiert, dafür nimmt sie sich in einer Thermoskanne grünen Tee mit. Sara geht regelmäßig zu Vorsorgeuntersuchungen, hat sehr gepflegte Zähne und fühlt sich, nach eigenen Angaben, topfit. Gerade überlegt sie, ob sie vielleicht mit dem Laufen anfangen soll, ihr joggingbegeisterter Freund drängt sie schon seit langem. Vielleicht fängt Sara wirklich an zu rennen. Und sie wird sicher auch die neuentdeckte Superbeere aus dem südamerikanischen Dschungel auf ihr Müsli streuen und die hochdosierten Omega-3-Fettsäuren nicht vergessen und auch nicht den saisonalen Gemüsekalender, mit dem man so gesund und schmackhaft kochen kann. Es ist doch so leicht, das Richtige zu tun! Und dieser Verzicht auf alles Schädliche und Üppige und Gefährliche verbindet sich auf subtile Weise mit der Überzeugung, es würde immer so weitergehen und man könne es mit den eigenen Händen greifen, das ewige Leben. Nach dem Tod Gottes, oder dem Verlust der Religionen als Sinnstifter über den Tod hinaus, begann der Terror der Endlichkeit. 90 Jahre, wenn's hochkommt, dann Schluss ohne Jenseits und Trost. Angesichts dessen bäumt der Mensch sich auf, das ist zu wenig, das ist zu ungewiss. Das ist einfach *schrecklich*. Und vielleicht ist auch dieses Entsetzen ein Grund für den Versuch, den Körper zugleich zu formen und zu bewahren und so im besten Fall an einer Art innerweltlichen Unsterblichkeit teilzuhaben. Und natürlich soll auch der alternde Körper dieser Tage bis zum Ende möglichst jugendlich aussehen. Hilflosigkeit, Schwäche oder gar Gebrechlichkeit werden weder erwünscht noch toleriert. Doch diese faschistischen Ideale richten sich früher oder später gegen jeden Einzelnen von uns. Denn das Alter erwischt uns alle. Früher. Oder später. Und Gnade denen, die das nicht rechtzeitig kapiert haben. Das Hungermädchen Anna ist trotz latenter Verkniffenheit eine recht elfenhafte Erscheinung; ein alterndes Hungermädchen ist eher traurig. Wie Daphne Hidachi, eine 43-jährige Verkäuferin, die gerade von Hartz IV lebt.

Daphne hatte einen Traum – es ging um Eleganz, Prestige und die richtige Handtasche und irgendwie, auf eine Weise, die ihr selbst vollkommen einsichtig war, hing das alles zusammen. Trotz ihres geisteswissenschaftlichen Studiums beschloss Daphne, damals noch eine blendende Erscheinung, ihr Leben dem Luxus zu widmen. Sie wurde Geschäftsführerin einer Boutique, die eine dieser großen italienischen Modemarken vertrat. Sie fuhr nach Paris und Mailand, um die neuen Kollektionen zu ordern, sie hatte immer die neuesten Designersachen und sie war sehr dünn. Das wurde schließlich von ihr erwartet, als Geschäftsführerin war sie zugleich Aushängeschild des Labels. Die Jahre vergingen, eine Beziehung zerbrach, eine andere erlosch, Daphne wurde 40 und das große italienische Modelabel ging pleite. Daphne wurde entlassen und fand Unterschlupf bei einem kleineren italienischen Modelabel und dann bei einem noch kleineren Modelabel und dann kam der Tag, an dem sie Arbeitslosengeld beantragen musste. Daphne hat immer noch elegante Sachen und ist immer noch eine schöne Frau. Aber wenn man genau hinsieht, merkt man, dass die schwarzen Haare dünn geworden sind und der Kopf etwas zu groß ist verglichen mit dem Rest des Körpers. Das ist ganz typisch für die Hungermädchen, wenn sie Hungerfrauen werden und schließlich nur noch gealterte Frauen sind mit faltiger Haut und stumpfen Augen und ein bisschen zu viel rotem Lippenstift. Man will sich gar nicht vorstellen, wie das mit Daphne weitergeht, die keine gute Altersvorsorge hat und keinen Mann und keine Kinder. Und natürlich auch keine Berufsaussichten, weil sie ja jetzt schon viel zu alt ist für diesen Job, den Tausende von jungen

Hungermädchen gerne machen wollen. Die Labels kommen gerade eher aus Skandinavien als aus Italien, und der Look ist mehr casual, aber das Prinzip ist das gleiche.

Der in solchen Looks steckende Mensch muss jedoch mittlerweile nicht nur im echten Leben, sondern auch auf einem Bild schön aussehen. Und während Schön-Sein schon anstrengend genug ist, ist Schön-Aussehen ein Fulltime-Job, der die nachwachsenden geistigen Ressourcen der westlichen Welt zu großen Teilen mit Beschlag belegt. Es geht ja nicht nur um die ständige Bildproduktion fürs Internet, sondern eigentlich darum, sich so zu verhalten, als sei man berühmt und könne jeden Moment abgelichtet werden. Und das ist bei aller Idiotie ein ziemlich komplexes und herausforderndes *Mindset*, also eine Weise, die Welt zu sehen und zu beurteilen, die nicht mehr viel Platz für anderes lässt. Verloren geht vor allem die Fähigkeit, sich selbst oder dem umfassenden Spektakel Gegenwart mit kritischer Distanz zu begegnen. Doch diese Distanz ist unabdingbar, um das eigene Leben als eigenes Leben und nicht nur als ausstattungsreiches Event zu begreifen. Ebenso bezieht sich alles, was man als geistige Ressource bezeichnen könnte, auf die Fähigkeit, Sinn und Bedeutung zu produzieren, die über den bloßen Augenschein hinausgehen. Alle Arten von innerem Reichtum, ob Bildung, Humor oder Fantasie, brauchen Aufmerksamkeit und Übung, um zu gedeihen. Wenn man dem Inneren und seiner Tiefe ebendiese Aufmerksamkeit entzieht, um sich ausschließlich dem Äußeren und seiner Wirkung zu widmen, ist es kein Wunder, dass alles zugleich immer besser aussieht und sich immer schrecklicher anfühlt.

Schön-Aussehen heißt also, sich selbst durch das Auge einer imaginären Kamera zu beobachten, mit einem Blick, der erbarmungslos ist, unbestechlich und kalt. Dieser Blick nimmt jede Hautunreinheit wahr, jedes Härchen, jede Asymmetrie. Er vergleicht und er verurteilt. Dass diese visuelle Überschärfe zumindest teilweise den Zooming-Praktiken zeitgenössischer Pornoproduktionen geschuldet ist, die mittlerweile fast alle anderen Arten der sexuellen Aufklärung Heranwachsender ersetzen, ist klar. Wichtiger ist, was dieser Blick mit dem Menschentier anstellt. Da lässt sich mit Bestimmtheit sagen: Er bekommt ihm nicht. Denn die unablässige Beschäftigung mit dem eigenen Aussehen führt nicht nur zu geistiger Armut und devoter Konformität, sie verursacht auch eine Art Ausdünnung. Körper, die sich in Bilder verwandeln, werden mit der Zeit *flach*, als fehlte ihnen die dritte Dimension. Es mangelt ihnen an Tiefe und Volumen. Sie haben ihre Aura verloren. Zweidimensionale Körper sind widerstandslos und massenkompatibel, geliebt von Kameras, Modedesignern und Spiegeln. Beispielhaft verkörpert werden sie von Ex-Spice-Girl-jetzt-Modedesignerin, Mutter und Fußballergattin Victoria Beckham und, wenn man ein bisschen weiterblickt, von der Sängerin Madonna. Über sie sagte ihr Ex-Ehemann, der britische Regisseur Guy Ritchie, neben ihr zu liegen sei, wie neben einem Knorpel zu schlafen. Nur damit mal klar ist, wo die Reise hinführt und was man zu erwarten hat nach 15, 20 verbissenen Jahren.

Diese Brutalität steckt unserer Zeit in den Knochen. Sie ist dem kalten Kamerablick geschuldet, seiner gewaltsamen Entblößung und Vergrößerung. Denn der eigene Leib muss es nicht nur mit den echten Körpern auf der Straße und im Fitnessstudio und mit der ins Unendliche angewachsenen Anzahl an virtuellen Vergleichskörpern aufnehmen, sondern auch mit den digital retuschierten. Die Retusche ist ein gewaltsamer Akt, eine fast militärische Operation, die alle Pixel auf Linie bringt. Dafür sind Leute wie Emilio Hernández zuständig, ein Architekt Anfang 30, der in Barcelona lebt. Sein Abschlussprojekt an der Uni war ein Dachgarten, er hat ein Talent für Wasserläufe und organische Formen. Gerne würde er selbständig arbeiten, aber sein erstes großes Projekt scheiterte an Finanzierungsproblemen. Deshalb verdient er gerade sein Geld damit, Präsentationen und Prospekte von anderen Architekturfirmen zu optimieren. Diese Arbeit ist sehr gut bezahlt. Dafür sitzt Emilio stundenlang mit gebeugtem Rücken vor seinem Laptop und verbessert eigenhändig jeden einzelnen Grashalm. Diese Fieselei, diese Stupidität – ein Knochenjob. Aber es lohnt sich, für die Auftraggeber und natürlich auch für Emilio. Am Ende steht ein Ergebnis, das durch seine subtile Perfektion überwältigt. Hier wird tatsächlich so etwas wie Erhabenheit produziert, also etwas, das wegen seiner Vollkommenheit genau jene Art von Angstlust auslöst, die erst zu Erstarrung und dann zu Kaufwillen oder Flucht führt. Und die man nicht vergisst. Die Werbung setzt schon lange auf diese Strategie der Überwältigung, und wenn neben dem überirdischen Körper auch noch ein erschwinglicher Preis steht, ist der Erfolg des Produktes ziemlich wahrscheinlich.

Digitale Retusche schafft aber auch neue Schwierigkeiten. Bearbeitete Bilder sind nicht nur eine Lüge, wie Fotos eine Lüge sein können, sie sind radikale Fälschungen des Wirklichen an sich. Deshalb sorgen sie für einen grundlegenden Zweifel an dem, was die eigenen Augen sehen. Ist das auch echt? Gibt es diese Haut, dieses Haus, diesen Hamburger wirklich? Diese Skepsis erweitert sich zu einem Zweifel an der Realität selbst. Deshalb lohnt es sich, darüber nachzudenken, wie sich die allumfassende digitale Bildbearbeitung auf das menschliche Selbstverständnis auswirkt.

Den Menschen beschäftigt vor allem die Frage: Wer bin ich? Und nachdem die großen religiösen Erzählungen in der westlichen Welt keinen Halt mehr bieten, hat der Mensch beschlossen, sich selbst in den Fokus der Aufmerksamkeit zu nehmen. Früher hieß es, man soll sich kein Bild von Gott machen, und fast bliebe zu wünschen, der Mensch hätte sich auch im Bezug auf sich selbst ein ähnliches Gebot auferlegt. Aber nein. Ganz im Gegenteil. Der Mensch macht sich zu seinem eigenen Götzen, sichtbar, lesbar, öffentlich. Dieser »Iconic Turn«, also der Übergang zu einer bildvermittelten Wirklichkeit, begann ungefähr Mitte der 90er Jahre. Mittlerweile gibt es Fotos und Filme von allem, vom Körperinneren beim Geschlechtsverkehr, vom Inneren eines Sarges oder von einem Altersverlauf, wo ein Mensch sieben Jahre lang täglich sein Gesicht fotografiert und den Clip dann auf YouTube stellt. Das Betrachten dieser Menschheitsartefakte verbindet ein gewisses Privatvergnügen mit echtem wissenschaftlichem Interesse, sieht man doch alles zum ersten Mal und ist doch alles immer auch Zeugnis einer irgendwie faszinierenden Humanität. Aber kann man auch zu viel sehen? Und was passiert, wenn man den Bildern nicht mehr trauen kann? Oder seinen eigenen Augen?

Das Problem ist, dass man beidem traut, aller Skepsis zum Trotz. Man kann sich noch so oft sagen, dass diese dürren, glänzenden Models nicht wirklich existieren – ein Rest an Bildüberzeugtheit bleibt bestehen. Auch das trägt zu dem Wunsch bei, selbst zum Bild zu werden und immer und unter allen Umständen fotografierbar zu sein. Heute muss man ja selbst beim Sterben gut aussehen. Doch davon soll nicht gesprochen werden, vom Sterben, sondern vom ewigen Leben, das als geheimste Hoffnung alle Versuche der Selbstikonisierung zu begleiten scheint. Denn Bilder sind zeitlos, unsterblich, und ihre Fähigkeit, allem Werden und Vergehen enthoben zu sein, macht sie zu idealen Wunschobjekten einer todesflüchtigen Konsumkultur.

Und wie wir fliehen! Doch vor lauter Weglaufen vor dem Sterben vergessen wir ganz, das Leben zu wagen. Es ist doch kaum auszuhalten, diese Spießigkeit, diese Entsagungslust, diese ewige Aufsparung. Körper, die sich langsam trockenlegen, Bier ohne Alkohol, Zigaretten ohne Teer und Schokolade ohne Kalorien. Und wofür das alles, wofür, wenn wir doch endlich sind, aller Einbalsamiererei zum Trotz? In seinem Buch *Wofür es sich zu leben lohnt* bemerkt der Philosoph Robert Pfaller, dass wir ebendieses »Wofür« vergessen hätten. Pfaller diagnostiziert eine Art »Beleuchtungswechsel«, der Mitte der 90er Jahre stattgefunden hat. Er schreibt: »Objekte und Praktiken wie Alkoholtrinken, Rauchen, Fleischessen, schwarzer Humor, Sexualität, die bis dahin glamourös, elegant und großartig lustvoll erschienen, werden seither plötzlich als eklig, gefährlich oder politisch fragwürdig wahrgenommen.« Doch nicht nur werden alle leiblichen Genüsse, die der unbestreitbar banalen menschlichen Existenz ein gewisses Format verleihen, damit zugleich diskriminiert und ausgebeutet; das Leben selbst liegt mittlerweile auf dem Seziertisch und gibt sein letztes Geheimnis preis. Wir scannen die Gehirne, wir vermessen die Blutbahnen, wir schlitzen die Körper auf. Aber wir finden nichts. Kein Geheimnis, nirgends. Nur Blut und Tod und Eingeweide, nur komplexe Kreisläufe, unendliche Verästelungen und das leise Knistern der Synapsen. Wir sind uns selbst zu nahe getreten.

Und wir haben nicht vor, damit aufzuhören – von der totalen Überwachung des Internets und unserer Kommunikation hin zu dem Versuch, dadurch endlich die zweite große Frage neben »Wer bin ich?« zu beantworten: »Was will ich?« So könnte man endlich jedem nur das verkaufen, geben, zukommen lassen, was er wirklich will. Und braucht – von der Buchempfehlung über die richtige Gesundheitsfürsorge bis zum richtigen Partner. Getragen werden diese zunehmenden Aufdringlichkeiten von einer buchhalterischen und zugleich angstgetriebenen Geisteshaltung, die alles vieldeutige Leben in eindeutige Verwertbarkeiten verwandeln will. Dass sich das Lebendige so am besten zu Markte tragen lässt, leuchtet ein. Aber dass sich die Wahrheit über das Leben und über uns selbst durch Überwachung und Auswertung herausfinden lässt, ist unwahrscheinlich. Wahrscheinlicher ist, dass die gegenwärtige Lage immer auch irgendjemandem nützt. Denn letzten Endes kann kein Mensch dem Bild genügen, das er von sich selbst produziert. Ein gesellschaftlicher Wert wie das

Schön-Aussehen führt also notwendigerweise zu Frustrationen und Kränkungen. Genau an dieser Stelle sitzt die globale Konsumindustrie. Das Ding, Objekt, Produkt, das endlich das eigene Bild vervollständigen würde, ist immer eine Kreditkartenlänge entfernt. Kränkung macht den Kauf notwendig, dessen Trost jedoch so schnell verschwindet wie alter Schnee in der Sonne. Der Motor aller Dinge ist die Unzufriedenheit geworden, begleitet von einem Unbehagen, das vor allem dadurch entsteht, dass man sich eine Aufgabe stellt, die einfach nicht zu bewältigen ist.

In den 90ern hat das Model Cindy Crawford wenigstens noch verlauten lassen, auch sie sehe nicht jeden Morgen aus wie Cindy Crawford. Dieser Trost ist vorbei. Heute regiert Heidi Klum, der Klumbot, deren einzige Leistung darin besteht, unter allen Umständen gut auszusehen. Wie es wohl wäre, sich mit ihr zu unterhalten? Gruselig. Einem gegenüber säße eine dünne, harte Frau mit perfekten Zähnen, die immer wieder leise klackernd aufeinanderschlügen, fast unhörbar erzeugten sie einen metallischen Klang, während ihre fröhliche Stimme in einem unablässigen Sermon von ihren unzähligen Freunden und Bekannten daherschwätzen würde. Wenn sie wirklich gut gelaunt wäre, gäbe es vielleicht noch ein paar Einblicke in die Regeln des Geschäftes, Business, du verstehst? Sie lässt ihre eigenen Kinder verpixeln, hat aber nichts dagegen, amerikanische Kleinkinder vor der Kamera hinters Licht zu führen und sich an ihren Emotionen zu weiden, ebenso wie sie die Kandidatinnen von GNTM immer wieder zum Richtblock führt, auf dass sie bluten zur Befriedigung der Massen. Seltsamerweise hinterlässt dieses vulgäre Leben keine sichtbaren Spuren.

Auch Heidi Klum ist eine Einbalsamierte, deren Körper nicht nur die gleiche Form, sondern auch die gleiche Konsistenz zu haben scheint wie der ihres großes Vorbildes Barbie: Hartplastik.

Der Körperkult als Fest der Oberfläche ist nur ein Beispiel für die Reduktion des Lebens auf das Allerkonkreteste. Er ist Teil einer ökonomisch geprägten Weltsicht, die den Wert des Menschen mit seiner Leistungsfähigkeit gleichsetzt und Selbstdisziplin für die größte aller Tugenden hält. Doch das reicht nicht aus, um das Leben mit Sinn zu füllen. So ein dürrer Körper ist doch unendlich banal und markiert den Punkt, an dem selbst die Worte verschwinden, weil es nichts zu sagen gibt außer: Alles so schön straff hier.

Doch allen Oberflächlichkeiten, Bildersehnsüchten und Selbstkasteiungen zum Trotz wissen wir Menschen dennoch recht gut Bescheid über alles. Wir haben es nur vergessen. Wir waren abgelenkt von den News und von der Körperarbeit und vom Shoppengehen. Es ist an der Zeit, uns daran zu erinnern, was es heißt, ein Mensch zu sein, und worin die Würde unseres Lebens, unserer Kultur und unserer Körper liegt. Doch wie wird der bewirtschaftete Körper wieder zum bewohnten? Wie den Blick wieder auf das richten, was wesentlich ist? Wie wegkommen von dem Glitzer und dem Plastik und dem unendlichen Spaß?

Alles beginnt mit der richtigen Perspektive. Und dem richtigen Verbündeten. Einem, vor dem man nicht weglaufen sollte. Sondern mit dem es sich zu sprechen lohnt. Deine Couch wirkt kleiner, seitdem der Tod auf ihr sitzt. Er trägt einen lilafarbenen Adidas-Jogginganzug und seine

Füße stecken in ausgelatschten Turnschuhen, deren Marke du nicht kennst. Kein Schmuck, kein Duft, keine Sense. Der Tod ist schlicht. Sein Schädel ist blank, aber nicht poliert und in seinen Augen brennt ein blaues Feuer. Vielleicht würde ein schwarzer, enger Anzug besser wirken, denkst du, als du bemerkst, dass auch der Tod dich gemustert hat. »Und jetzt?«, fragst du, ein bisschen ratlos. Ist ja alles ganz schön, der Jogginganzug, die Knochenhände, aber was soll das bringen, mit einem Skelett auf der Couch zu sitzen und sich anzuschweigen? Es gibt schließlich viel zu tun! Der Tod hebt die rechte Augenbraue. Du bist dir nicht ganz sicher, ob ein Skelett das wirklich tun kann, aber es wirkt so. Er sagt: »Ach ja? Was denn?« Seine Stimme ist tief, aber überraschend angenehm, obwohl in ihr etwas mitschwingt, was du nicht benennen kannst. Du schüttelst den Kopf. Kann der Gedanken lesen? Wieder ein kleines Augenbrauenzucken. »Ich muss arbeiten«, sagst du trotzig, und der Tod nickt verständnisvoll. »Warum?« – »Warum, warum, was glaubst du denn? Ich muss arbeiten, damit ich leben kann.« Der Tod nickt wieder. »Und warum lebst du?« Du blickst dich im Zimmer um. Schaust auf den Fleck in der Ecke, auf den Stapel ungelesener Magazine und zum Fernseher. Darf man den einschalten, wenn der Tod zu Besuch ist? Ob die heute Abend das große Spiel zeigen? Oder Germany's Next Topmodel läuft? Der Tod schaut dich an mit seinen brennenden Augen. »Warum lebst du, Mensch, wofür lebst du, woran willst du dich erinnern, was willst du getan und gedacht und gewonnen haben, wenn wir uns wiedersehen?«

Der Tod – früher nannte man ihn auch Freund Hein – ist

ein guter Freund. Einer, den man von Zeit zu Zeit besuchen sollte. In der Philosophie gibt es schon seit der Antike den perspektivischen Trick, vom Tod aus aufs Leben zu blicken. Zum einen geht es darum, die Angst vor dem Ende zu besiegen. Dazu sagte der griechische Philosoph Epikur: »Es ist sinnlos, den Tod zu fürchten. Wenn du da bist, ist er nicht da. Wenn er da ist, bist du nicht mehr da.« Zum anderen aber erinnert dieser Blick daran, dass die größte Gefahr für ein Menschenleben nicht das Sterben ist, sondern das Funktionieren. Nicht den Tod soll man fürchten, sondern nicht selbst gelebt zu haben. Doch wie leben? Wie herausfinden, was wichtig ist? Es lohnt sich, mit Freund Hein zu sprechen. Was würde man vermissen, wenn man den Körper nicht mehr hätte?

Einatmen. Ausatmen. Tief Luft holen und an den Duft einer Blüte denken, an frisches Brot, an fremde Haut. Diese Haut anfassen, ein Tier streicheln, ein Lenkrad packen. Und schon weitet sich der Blick, das Helle, das Dunkle, Sonne, die Flecken malt auf dampfenden Asphalt, Licht, das auf Wasser trifft oder leuchtet durch buntes Glas. Die Augen der Liebsten, die Augen der Fremden, das Bunte, das Karge, die Schönheit der Welt. Viele Menschen, die für eine Studie kurz vor ihrem Tod gefragt wurden, was sie am meisten bedauerten, sagten, dass sie gerne öfter barfuß gelaufen wären. Sommerregen auf der Haut. Das Gefühl, wenn ein Fahrzeug beschleunigt. Im Meer schwimmen, der untergehenden Sonne entgegen. Tief eintauchen, ganz tief, und den Kopf wieder emporheben, geläutert.

Der zweite Verbündete, der einem hilft, den Blick auf die wesentlichen Dinge zu lenken, ist ein Kind. Eines, das schon sprechen kann und zuhören, eines, das Fragen stellt und merkt, wenn die Antwort nicht der Wahrheit entspricht. Der Tod erinnert uns an unsere Sehnsucht und das Kind erinnert uns an unseren Anstand. Daran, wie die Welt sein sollte und wie wir sein sollten, was richtig ist und was falsch. Was würde man einem Kind über die Welt beibringen wollen, ihre Geschmäcker, Gerüche und Farben? Was kocht man für das Kind, und was hat man selbst als Kind gegessen? Wie würde man mit dem Kind über den Körper sprechen, über seine Pflege, seinen Wert und seine Grenzen? Und was braucht so ein Kinderkörper an Wärme und Zuneigung und Berührung? Leicht findet eine kleine Hand in eine große Hand. »Zeig mir die Welt«, sagt die kleine Hand, und dann will das Kind rennen und auf Bäume klettern und später dasitzen, um sich in etwas zu vertiefen. Und immer ist es ganz und gar präsent. Und irgendwann wird einem bewusst, dass man dem Kind vielleicht zeigen kann, wo die Schaukel steht oder wie man einen Turm aus Ästen baut. Doch das Kind erinnert einen dafür immer wieder daran, wie man lebt.

Der Körper ist unser Fenster zur Welt, unsere Verbindung zu ihren sinnlichen Freuden. Denn trotz aller Aufgeklärtheit und allem Fortschritt ist das Leben immer auch leidvoll und banal und ungewiss. Was bleibt, wenn wir allen unmittelbaren Zugang zur Welt verlieren und sie für uns nur noch ein Bildschirm ist, gefüllt mit Informationen, deren Halbwertszeit geringer und geringer wird? Was ist ein Leben ohne Geist, Genuss und Geschmack?

Esma Gül ist Malerin. Es ist schön, sie bei der Arbeit zu beobachten, weil sie die Welt um sich herum vollkommen vergisst, während sie sich auf die Leinwand zubewegt, ein paar rasche Striche macht und wieder zurücktritt mit kritischem Blick. Esma ist Mitte 40 und hat keine Kinder, ihre hellbraunen Haare sind ziemlich kurz und sie trägt gerne bequeme Kleider. Ihr breiter Mund lächelt oft, und ihre Hände bewegen sich fließend und lebhaft, wenn sie von etwas spricht, das ihr gefällt. Wie von Jeremy Katz, ihrem Freund. Jeremy ist Anfang 20 und weiß noch nicht so recht, was er mit seinem Leben anfangen will. Gerade macht er eine Ausbildung zum Tontechniker, aber eigentlich träumt er davon, Filme zu drehen. Esma und Jeremy haben sich vor zwei Jahren kennengelernt und sind seither zusammen, was Esma immer noch gleichermaßen erstaunt wie entzückt. »Es ist einfach gut mit uns«, sagt sie und zuckt mit den Schultern, »auch wenn es nicht immer leicht ist. Jeremy hatte zuvor noch nie eine echte Beziehung. Manche Dinge weiß er einfach noch nicht und dann muss ich sie ihm erklären …« Während sie von ihm spricht, wirkt sie ganz bei sich, ihr schmaler Körper ist ruhig und gelassen. Mit dieser Liebe hat Esma nicht gerechnet, nicht mit diesem jungen Mann, nicht mit den zwei Jahren, die das schon geht. Ihr Handy brummt, eine Nachricht von ihm, sie liest und lächelt. »Mit ihm habe ich gelernt, über Liebe zu sprechen, also ›Ich liebe dich‹ zu sagen, weil er es auch sagt, ganz selbstverständlich. Vielleicht ist es dieses Selbstverständliche, das Teilen.« Sie macht eine Pause. »Unsere Körper kümmern sich umeinander. Ich habe da so eine Sache auf dem Rücken, ich komme da nicht selber hin und er cremt mich ein, das ist so banal, aber das ist es irgendwie …«

Lieben heißt teilen. Das Leben teilen, den Körper teilen, sich mitteilen und aneinander Anteil nehmen. Nur ein liebevoller Menschenblick vermag den anderen Menschen und seinen Körper auf die richtige Weise zu erfassen. Das Auge der Kamera hingegen stellt ihn bloß und nimmt ihm oft genug die Würde. Intimität ist ein Geheimnis. Was von ihm zurückbleibt, wenn es veröffentlicht wird, ist zugleich aufdringlich und bedeutungslos. Der ans grelle Licht gezerrte Körper ist nur ein armer Teufel, aus dem es tropft. Denn der menschliche Körper ist schwer, auch wenn seine Schwerkraft aufgehoben scheint in den Anzeigen und Bildern der Werbeindustrie. Seine Schwere sind seine Bedürfnisse, seine Rhythmen, seine Anfälligkeiten. Er hat ein eigenes Dasein, eigene Gewissheiten, eine eigene Sprache. Es liegt in der Natur des Körpers, ständig seltsamen Überschuss zu produzieren wie Stellen, an die man nicht alleine hinkommt, oder Falten, die nicht mehr weggehen, oder einen weichen Ring um die Mitte des Leibes. Der echte Körper wölbt sich, er schwitzt und atmet. Er ist ein Hort der Verrichtungen wie die Art und Weise, sich die Nägel zu schneiden oder an seinem Gesicht herumzudrücken oder einfach die Frage, wie man sich morgens und abends wäscht. Jeder nackte Leib ist von diesen geheimen Regeln umgeben. Sie sind ein Teil dessen, was man Intimität nennen könnte, das, was niemals ins Bild passt und was es zu teilen gilt in der Liebe.

Hana Vidmar hat lange hellrote Haare und ein breites, großflächiges Gesicht mit ein paar Sommersprossen. Sie kommt aus dem Osten Europas und will hier eine Ausbildung zur Zahntechnikerin machen. Hanas Hüften sind breit, ihre Arme gleichen dicken Brotlaibern und ihr linkes Ohr steht ein wenig ab. Sie ist also weder schlank noch hübsch, aber niemand, der sie einmal erlebt hat, wird sie wieder vergessen. Sie sagt nicht viel, ihr Deutsch ist noch holprig, aber sie ist *anwesend* und ihre körperliche Präsenz hinterlässt unaufdringliche, aber nachhaltige Spuren in der Wahrnehmung aller, die mit ihr zu tun haben. Vielleicht liegt es daran, dass man sie ansehen kann. Dass sie sich ansehen lässt. Hanas Körper ist einfach da und reagiert intuitiv auf die anderen Körper, die mit ihm zu tun haben. Dabei hat sie ein untrügliches Gespür für die Emotionen von anderen und hört den Menschen wirklich zu. In Hanas Leben gibt es immer den einen oder anderen Mann, der sich für sie interessiert und für ihren gewaltigen Körper, der so anstrengungslos bewohnt wird. Sie darf nicht nur angesehen werden – sie sieht auch an, nicht nur mit ihren Augen, sondern mit ihrem ganzen Sein. Ihr Körper hat nicht verlernt, eine Sprache zu sprechen, die keine Worte kennt und dennoch alles bezeichnet. Nur der bewohnte Körper ist fähig, einer Aussage so etwas wie Tiefe zu verleihen mit einem Blick, mit einer Geste. Ein echter Blick hat eine ethische Wucht, die kein Kameraauge jemals ersetzen kann. Er ist Antwort und Anrufung zugleich. Doch leer sind die Blicke derer, die immer woanders sein wollen, die sind, aber nicht wissen, dass sie leben. Es ist leicht, aus dem Körper zu flüchten, ob in die virtuellen Welten des Netzes, in die Landschaften des Geistes oder in den mickerkleinen Abstand zu allem Realen und Folgenreichen, zu dem unsere schwerkraftlos scheinende Zeit uns alle anzuhalten scheint.

Aber diese Flucht führt nirgendwohin. Fliehend gibt

es weder Gewissheit noch Veränderung. Dazu müssen wir in uns selbst anwesend sein. Unser Körper weiß, was ihm schmeckt, wen er begehrt, was ihn ekelt. Er ist Bestandteil der Wirklichkeit und korrespondiert mit dem Wirklichen. Das macht es umso schwieriger, mit der zunehmenden Verfälschung des Wirklichen durch die Bildmanipulation umzugehen. Gefragt, wie er den wisse, ab wann etwas Pornographie sei, antwortete ein amerikanischer Richter: »Ich weiß es, wenn ich es sehe.« Der Körper hat ein Gespür für das, was ihm guttut, und für das, was schlecht für ihn ist. Er hat einen Sinn für den Unterschied zwischen dem Schönen und dem Hässlichen, dem Wahren und der Lüge. Die zunehmende Missachtung dieser sinnlichen Wahrnehmung schneidet uns von ihrem lebendigen Urteil ab. Gefühle, Ahnungen, Instinkte, Zuneigung und Abneigung gehören zum Wissen des Körpers. Sind sie nicht viel unbestechlicher als unser flatterhafter Verstand? Und ist es nicht sogar unser eigener Verstand, der uns aus unserem Körper vertreibt? Vor allem, wenn der Körper sich in ein Bild verwandeln soll, entworfen von unserer Vorstellungskraft?

Doch das echte Leben des Körpers entzieht sich den Bildern, die man sich von ihm macht. Er hat seinen eigenen Rhythmus, weil er teilhat am Werden und Vergehen von allem, was natürlich ist. Er braucht Pausen, Stille, Momente der Brache, wenn er nicht vor lauter Übermaß an allem und jedem zugrunde gehen soll. Das macht den Körper zur Sollbruchstelle der spätmodernen Flexibilisierung und Beschleunigung, bei der wir Menschen doch schon lange nicht mehr mitkommen mit unserer Schwere und unserer begrenzten Aufmerksamkeit. Ein Körper ohne Stille ist eine

Wunde, die irgendwann aufbricht, nur passiert das meist, wenn die Scheinwerfer schon weitergewandert sind und der Einzelne zurückbleibt mit seiner Kaputtheit und seinem Leid. Das wird gerne verdrängt. Denn da geht scheinbar immer noch mehr: mehr arbeiten, mehr ausgehen und nicht vergessen, auch die Tage noch mehr zu nutzen. Womit nichts anderes gemeint ist, als aus jeder einzelnen Sekunde das Allerletzte herauszupressen. »Fun ist ein Stahlbad«, sagte der Philosoph T. W. Adorno, und die Knochen, die Knochen ächzen schon.

Der Körper verbindet uns mit der Natur, weil er uns ihren Gesetzen unterwirft – das Leben vollzieht sich an ihm, da kann man noch so viel optimieren. Der Körper wird sich verändern, er wird altern, seine Form verlieren, auf den Händen werden braune Flecken erscheinen, die Knochen werden brüchig und die Organe langsam. Irgendwann wird er endgültig den Dienst versagen und wir werden sterben. Doch zugleich ist der Körper der Ort unserer Lebendigkeit und die Quelle aller sinnlichen Freuden. Anfang allen Genießens ist ein entspanntes Verhältnis zu seiner eigenen Leiblichkeit. Selbstannahme, ob das nun die eigene Geschichte, das eigene Naturell oder eben das eigene Äußere betrifft, ist die Grundlage aller Lebensfreude. Wie soll ich mich auch vergnügen, wenn ich die ganze Zeit mit meinen Mängeln beschäftigt bin? Nur wer sich annimmt, kann loslassen. Und nur wer loslassen kann, kann wirklich genießen. Der Blick auf sich ist bestenfalls ein zärtlicher Blick. Wie kann es nur sein, dass man die krummen Zähne des Geliebten in sein Herz schließt, sich selbst jedoch wegen ein paar zu groß gewachsener Zehen bis ans Ende aller Tage kasteien möchte? Der rechte Blick verurteilt nicht, noch verherrlicht er. Er gibt dem Körper einfach seine Würde zurück, indem er sagt: »So bist du also. Das ist in Ordnung.«

Es gibt eine neue Rosensorte, die länger haltbar ist, fast zwei Wochen. Die Rosen haben nur einen Makel: Sie duften nicht mehr. Ist eine Rose, die nicht duftet, noch eine Rose? Der Preis des Rosenduftes ist ihr Vergehen, und der Preis des Lebens ist der Tod. Amöben müssen nicht sterben, sie teilen sich in einem fort. Aber das Individuum, das Unteilbare, ist den Gesetzen des Daseins unterworfen. Die Rose gewinnt im Vergehen Gestalt, die Zeit knickt ihre samtigen Blätter, rollt sie auf und bräunt die Ränder. Ist das nicht die Würde der Rose, dieses letzte Blühen, bevor sie endgültig den Kopf hängen lässt? Auch unser Körper wird vom Leben gezeichnet und die Narben auf unserer Haut erzählen unsere Geschichte. Zeig mir deine Narben, sagt der andere, und du fängst an zu erzählen. Siehst du hier, an meinem Handgelenk, da bin ich hingefallen als Kind, und dort, an meinem Rist, habe ich mich verletzt an einer scharfkantigen Fließe in einem Swimmingpool und diese Narbe dort ist von einer Operation, die ich schon fast vergessen habe. Und dann zählt ihr die Muttermale und die ungehorsamen Haare und die verborgenen Stellen, die auch.

Der Körper ist der Zeuge unseres Lebens. Und er hat ein gutes Gedächtnis. Lange ist er verschwiegener Verbündeter, doch irgendwann verrät er, was man ihm angetan hat, und dann hat man plötzlich Diabetes oder eine seltsame Schilddrüsenfehlfunktion und merkt, wer hier eigentlich Herr im Haus ist. Es geht darum, ein gesundes Verhältnis zu seiner Gesundheit zu haben, ohne dabei zu wenig oder zu viel auf sich zu achten. Bereits Nietzsche hatte darauf hingewiesen, dass sich nach dem Tod Gottes und dem damit verbundenen Verlust eines Sinnes, der über den Tod hinausgeht, die Gesundheit zu einer Göttin erheben würde. Ohne Gott haben wir nur noch unser nacktes Leben. Und das soll wenigstens dauern in Jugend und Frische, solange die Fitness eben reicht. Der ideale Körper der Gegenwart ist daher alterslos. Er hat kein Leben, also auch kein Sterben. Der Verlust an Frische, Überschwang und Leidenschaft, den man gerade beobachten kann, ist zum einen dem Übergang von Selbstdisziplin zu Selbstkontrolle geschuldet, begleitet vom Verdrängen aller Endlichkeit. Denn alle Leichtigkeit wendet sich vom Tod ab, sie verbannt ihn nicht. Zum anderen braucht alles Genießen notwendig den Kontrollverlust. Für Robert Pfaller steht die Veredelung des Unreinen im Kern des echten Festes. Für die Dauer des gemeinsamen Feierns verwandeln sich fragwürdige Genüsse wie Rauchen, Trinken oder peinliche Flirts in Formen des Heiligen, da sie allen Beteiligten das Gefühl geben, am Leben zu sein. Was ist die Nacht ohne Hingabe? Hier geht es nicht um die Verherrlichung übler Abstürze – eine asketokratische Gesellschaft produziert notwendigerweise heftige Widerstände wie Komatrinker oder Fresssüchtige –, sondern um die jedem einzelnen Menschen innewohnende Fähigkeit, sich gehenzulassen. Gerade das Fremde des Rausches, was nichts anderes bezeichnet als sein Potential, den Trinker, Denker oder Liebenden sich selbst fremd werden zu lassen, ist in großem Maße vom Identitätsterror bedroht, der selbst nur eine Variante des Terrors der Sichtbarkeit ist. Das Äquivalent des Bildes, das der Körper zu werden versucht, ist das zum Ego fixierte Ich. Durch zahlreiche Analysen und Selbstbespiegelungen wurde es mühsam aus den Wäldern der Kindheit geborgen und dabei vollkommen lesbar, transparent und zugänglich gemacht. Und nachdem es so unendlich aufwendig war, sich zu finden, zu begreifen und seiner endlich ganz und gar habhaft zu werden, kann man sich doch auf gar keinen Fall wieder loslassen. Man ist vorsichtig geworden. Feige. Man scheut den Kontrollverlust, der nichts anderes ist, als von sich abzusehen oder den Mut zu haben, sich selbst aufs Spiel zu setzen. Beidem gemein ist die Gnade der Selbstvergessenheit und der damit einhergehende Abstand zu sich, aus dem allein alles Lebendige sich erneuert. Nein – man passt auf sich auf. Sicher ist sicher.

Dem Genießen seinen dunklen Stachel zu ziehen, verwandelt es in bloßen Konsum. Denn alles Echte zeichnet uns. Es gibt keinen echten Rausch ohne Kater, keine echte Zigarette ohne Schadstoffe und keine Liebe ohne Risiko. Keinen Orgasmus ohne Fratze, kein Festmahl ohne Flecken, keine Liebe ohne Schmerz. Niemals. Doch wir wollen längst nichts mehr hergeben. Oder uns hingeben. Wir sind ernst geworden. Bitterernst. Wir tragen schwer an der Last des Körpers und an der Last des Ego gewordenen Ichs, das nicht mehr spielerisches Flackern ist, sondern begründetes Urteil, lebenslänglich. Wir sind unser eigener Überwachungsstaat. Das Spiel ist aus.

Und so kontrolliert sich das Ich, weil es sich selbst nicht mehr traut. Und weil es dem Körper nicht mehr traut und seinem Genießen. Dieses sinnliche Genießen ist vor allem anderen bedroht, weil es nutzlos ist, unverwertbar und gefährlich. Weil es Exzess ist, Überschuss und vielleicht auch Überschwang. Doch wer das Sudeln verlernt hat, der hat das Leben verlernt, großer Lehrmeister Körper, der den Kreis zieht, in dem alle Lust sich ereignet. Das jedoch braucht einen vertrauensvollen Abstand, in dem man den Körper machen lässt und ihm folgt, anstatt ihn zu disziplinieren. Der Körper will tun, ohne dass wir wissen, was er tut.

Durch geschwätzige Analyse und zudringliche Selbstbeobachtung bedrohen wir seinen Freiraum, seine Lust und seine Gewissheit. Man kann sich auch selbst zu nahe treten, und es bleibt nichts als ein vager Gestank, vermischt mit einer unbestimmten Sehnsucht. Vor allem lügt der genaue Blick auf eine subtile Weise, er blickt sozusagen notwendig vorbei, weil der Körper immer das Andere ist. Das eigene Leben zu fordern, was, wie die Philosophin Hannah Ahrendt bemerkte, der Beginn aller Revolten ist, fängt damit an, den eigenen Körper aus dem Gefängnis der Bilder zu befreien und ihm sein Genießen zurückzugeben. Konsumieren ist mehr vom Gleichen, und Genießen ist etwas vom Anderen. Es bedarf der Fremdheit, des Sich-Unähnlich-Werdens. Man ist ergriffen, fühlt sich erhaben oder entrückt. Der narzisstische Mensch jedoch verfehlt sich nicht nur auf eine fundamentale Weise – er ist zugleich Gefangener seiner eigenen falschen Bilder. Der Philosoph Jean-Paul Sartre hatte unrecht. Die Hölle sind nicht die anderen. Die Hölle ist das von sich besetzte Ego, das keinen anderen und nichts Fremdes mehr zulässt. Der in sich abgeschlossene Mensch, dessen seelisch-geistige Kräfte von der globalen Konsum-, Medien- und Entertainmentindustrie abgezapft werden, gleicht dem Programmierer Neo aus dem Film *Matrix*, dessen wahre Gestalt in einer Kapsel aus Nährlösung ruht. Erst wenn die Schale des totalen und damit falschen Ego durchstoßen ist und das Ich auch Ichfremdes akzeptiert, können Erfahrung, Wachstum und echtes Genießen stattfinden. Das Paradies ist nie näher als in diesem Moment. Und nur wer sich gestattet, an seinem fremden Glanz zu partizipieren, kann einst sterben mit den Worten: Ich habe gelebt.

2. Kapitel

SCHÖPFERISCHE GESCHÖPFE

oder vom Umgang mit der Natur in uns und außerhalb von uns

»Ich bin Senator geworden«, sagt Aram Kenobi. »Ich kann jetzt eine Begleitung mit in die Lufthansa-Lounges nehmen, cool, oder?« Aram ist ein IT-Fachmann Mitte 40, der von Berlin aus Kunden auf der ganzen Welt betreut – Singapur, Kalifornien, Peking. Er ist ständig auf Reisen und sein CO_2-Fußabdruck ist mindestens so groß wie das Loch in seinem Herzen, seitdem er vor vier Jahren von Lea verlassen wurde. Aram steht auf Biofood und japanische Küche. Er verwendet Energiesparlampen und ist für Umweltschutz und saubere Küsten. Und wäre sofort bereit, eine Petition zur Senkung des CO_2-Ausstoßes zu unterschreiben. Dabei ist er sich durchaus darüber im Klaren, selbst ziemlich viel in der Luft zu sein, aber irgendwie hängt das eine nicht mit dem anderen zusammen. Nicht auf eine zwingende Weise. Denn während der Verkehr in asiatischen Großstädten oder die Emissionsbilanzen riesiger Fabriken ihre CO_2-Verantwortlichkeit ungeniert ausstellen, ist das einzige Resultat seiner Fliegerei die Hochstufung in die exklusivsten Lounges des internationalen Flugbetriebes. Es wäre auch kurzsichtig, Aram für seine nomadische Existenz verantwortlich zu machen. Die Globalisierung hat die Märkte geöffnet und sein Beruf erfordert Kundennähe. Wenn das Geld um den Erdball zirkuliert, wandern ihm die weniger Privilegierten als einfache Arbeitskräfte hinterher, um bei gigantischen Bauprojekten in Asien und den Golfstaaten mitzuhelfen. Die Privilegierteren fliegen ihren Kunden nach und bauen, wie Aram Kenobi, digitale Netzwerke, moderne Kommunikationsstrukturen oder gleich Fabriken nach europäischem Vorbild. Die Erde, die dabei von Aram manchmal sogar mehrmals in einem Monat umrundet wird, dient dem Menschen fast nur noch als Rohstofflager. Unser Planet ist bis in den letzten Winkel erschlossen und kartographiert, vermessen, bebaut und aufgeteilt. Und obwohl man meinen könnte, dass jetzt dann mal Schluss sei, so ist genug doch niemals genug. Da der Mensch nicht mehr viel entdecken kann, versucht er stattdessen, sich selbst zu überraschen mit dem mehr oder weniger nützlichen Zeug, das er am laufenden Band erfindet und produziert. Vielleicht ist auch das eine geradezu sentimentale Vorstellung. Als seien wir noch Herren der Systeme, die wir erschufen. Vielleicht produzieren wir schon lange, weil wir müssen, und schon lange nicht mehr, weil wir wollen oder es irgendjemandem nützt. Vielleicht regieren in Wirklichkeit das Kapital, der Markt oder die Algorithmen der Maschinen. Doch wenn wir nicht mehr an die Veränderbarkeit der Verhältnisse glauben, glauben wir in Wahrheit nicht mehr an den Menschen. Und das wäre die größte denkbare Kapitulation.

Wenn Computerfachmann Aram Kenobi um die Welt jettet, kann er die Spuren des Menschen sehen, orangefarbene Netze in der Dunkelheit. Es gibt die glühenden Städte des Westens, die leuchtenden Städte der zweiten Welt und die stille Dunkelheit über all denen, deren Stromversorgung niemanden etwas anzugehen scheint. Im Westen hingegen spricht man von Lichtverschmutzung. Die Sterne über den großen Städten sind so geblendet, dass sie sich abwenden, der Himmel nur noch ein schmutziges Rosa, verwaschen und nah. Überall hat das Menschentier seine Spuren hinterlassen, überall bohrt und sucht und schabt es, unablässig, findig, ruhelos. Als Reaktion darauf gibt es unter denen, die es sich leisten können, eine immer größer werdende romantische Bewegung, die der Technik misstraut und »Zurück zur Natur!« will. Das wiederum ist ein Affront gegenüber all denjenigen, die auch gerne Strom in ihren Häusern hätten oder einen Internetzugang oder eine Waschmaschine. Ach was – zumindest erst mal fließend Wasser oder eine Toilette in ihrem Zuhause oder vielmehr überhaupt einen Unterschlupf, der aus vier festen Wänden besteht. Andererseits ist Naturschutz unabdingbar, wenn unsere Spezies nicht unversehens in einer Hölle auf Erden landen möchte, die, auch bei näherer Betrachtung, große Ähnlichkeit hat mit einem riesigen Einkaufszentrum voller gieriger Menschen, die sich gegenseitig tottrampeln bei dem vergeblichen Versuch, ein Schnäppchen zu machen.

Doch was ist eigentlich die Natur? Ein Bergmassiv, ein Wasserfall, große Fischschwärme mit silbern blitzenden Bäuchen? Ist der Mensch Teil der Natur und wenn ja, welche Rolle kommt ihm zu? Man könnte Natur als all das definieren, was nicht vom Menschen gemacht ist. Aber wenn man den Menschen als Teil der Natur sieht, sind es streng genommen auch seine Erzeugnisse – von Kuscheltieren über Plastiktüten bis hin zu Atombunkern. Sinnvoller ist es, einem intuitiven Verständnis zu folgen. Natur umschließt alles, was mit und neben uns lebt und ein eigenes Dasein hat, und sei es nur ein glatter Stein, der schon jahrhundertelang in einem Flussbett liegt. Natur sind die Landschaften der Erde, die Gewächse, die Tiere. Natur sind das Wetter, das Klima und die Vulkane tief unter dem Meer. Natur sind die Abfolge der Jahreszeiten und der Wechsel von Tag zu Nacht, und Natur ist das Weltall, in dem unsere Erde nur ein kleiner Planet ist, der im 365-Tages-Rhythmus um einen glühenden Stern kreist.

Und die Natur des Menschen? Diese Frage lässt sich kaum beantworten. Erstens, weil sie viel zu komplex ist. Und zweitens, weil der Mensch im Vergleich zu den bestimmten Tieren, die in eine vorgefundene Umgebung hineingeboren werden, das unbestimmte Tier ist, fähig, seine eigenen Lebensumstände zu schaffen. Das treibt unsere Spezies dazu, immer wieder über sich hinauszuwachsen. Oder sich zu zerstören. Je nachdem. Als ob wir nicht bis zum Überdruss wüssten, was passiert, wenn wir einfach so weitermachen. Irgendwann gibt es vielleicht nichts Anständiges mehr zu essen, nur noch genmanipulierten Müll, und keine Flüsse und Bäche und Seen mehr, nur noch braune Brühe, und keine Liebe mehr, nur noch gemeinsame Masturbation vor flackernden Bildschirmen. Uns setzt niemand Grenzen. Das müssen wir schon selbst in die Hand nehmen, und das ist genau der Punkt, an dem der Philosoph Immanuel Kant den Menschen das Tier nennt, das einen Meister braucht. Denn das Unmenschlich-Werden des Menschen ist nicht tierisch, es ist bestialisch. Ein Tier tötet, wenn es Nahrung braucht oder sich verteidigen muss. Dabei weiß es nicht, dass sein Gegenüber auch ein Leben hat. Der Mensch aber ist sich seiner Taten bewusst. Doch wenn er unbemerkt durchkommt, schert er sich nicht um ihre Konsequenzen. Wir leben im Zeitalter der Gier. *Mehr* schreien die Märkte, *mehr* schreien die frustrierten Bürger der westlichen Welt, *mehr* schreien die Singles ihren traurigen Spiegelbildern entgegen. In uns ist ein schwarzes Loch, groß genug, die ganze Erde zu verschlingen. Gier ist die Kinderkrankheit unserer Spezies, eine Krankheit, die umso tödlicher ist, als es niemanden gibt, der uns von ihr kuriert. Außer der totalen Katastrophe. Oder uns selbst. Auch die Gier ist eine Form unserer manischen Selbstbesessenheit. Sie entspringt unserem Irrglauben, der Mittelpunkt des Universums zu sein, sowohl als Menschheit wie auch als Individuum. Und deshalb zu meinen, man hätte ein Anrecht auf alles.

Im vergangenen Jahr hat Bruno Rossi 38 Tickets wegen Falschparkens und wegen zu schnellen Fahrens vier Punkte in Flensburg kassiert. Seinen silbergrauen Sportwagen wäscht er jeden Sonntag und stellt ihn jeden Wochentag nach Feierabend vor seinem Townhouse ab, einem Reihenhaus für Bessergestellte. Geld ist kein Problem für Bruno, der generell nicht viele Probleme hat, und wenn welche auftauchen, weiß er, wie sie zu lösen sind. Wozu gibt es denn persönliche Assistenten, einen Bügelservice und eine clubinterne Börse für Tennispartner? Bruno sammelt Feuerzeuge aus dem Zweiten Weltkrieg, außerdem besitzt er über 290 Hawaiihemden. Wenn er gerade keine Freundin hat, was so gut wie nie der Fall ist, bestellt er Edelprostituierte wie andere Leute Pizza oder Sushi. Im vergangenen Jahr hat Bruno, der eine Werbeagentur besitzt, eine vierstellige Summe an eine gemeinnützige Organisation gespendet. Auch sonst tut er, was er kann. Zum Beispiel unterstützt er seine Schwester, die Illustratorin ist und allein ein kleines Mädchen aufzieht – obwohl er weder mit seiner Schwester noch mit ihrer Arbeit das Geringste anfangen kann. Gerade hat er einen seiner Großkunden, einen der weltweit umsatzstärksten Getränkehersteller, dazu überreden können, das Budget für Online-Werbung zu verdoppeln und einen Social-Media-Beauftragten zu finanzieren. Das versetzt Bruno in die angenehme Lage, seinem alten Kumpel Claudio einen gutbezahlten Job zuschustern zu können. Bruno Rossi ist einer, der ans Limit geht, beim Verhandeln und beim Feiern. Dieses Jahr wird er sich 39 neue Hawaiihemden zulegen, mit 18 verschiedenen Frauen schlafen und seine Strategien und Slogans werden den Umsatz des Getränkeherstellers um zwölf Prozent erhöhen.

Wie der Philosoph Slavoj Žižek feststellt, bedeutet Ideologie, etwas zu tun, ohne zu wissen, dass man es tut. Auch Werber Bruno ist sich keiner Schuld bewusst, warum auch, unterstützt er doch seine Schwester und sorgt für seine Freunde. Dass aber der Getränkehersteller dafür verantwortlich ist, dass jedes Jahr ein ordentliches Stück Regenwald abgeholzt wird, kümmert Bruno kein bisschen, auch und vor allem, weil er es weder weiß noch wissen will. Genauso wenig, wie er darüber informiert ist, dass der Textildiscounter, den er ebenfalls vertritt, unter recht unwürdigen Arbeitsbedingungen in Asien produzieren lässt. Und so geht es vielen von uns, wenn wir ehrlich sind. Wir stellen uns blind und stumm und taub und halten so eine Maschinerie am Laufen, die einfach nur eines will: mehr.

Doch die Tragödie unserer Tage besteht nicht im Kapitalismus als solchem, sondern in seiner totalen Gegenwärtigkeit. Nach und nach hat er alle Felder des Wirklichen durchdrungen, bis in unsere allerprivatesten Beziehungen hinein. Die Natur hat es als Erste erwischt, ihre Ausbeutung und fortschreitende Auslöschung sind so traurig wie bekannt. Doch gerade *weil* man etwas ganz sicher weiß, neigt man dazu, sich damit abzufinden. Wie in diesem Witz, wo sich zwei Sklaven am Brunnen treffen und der eine sagt: »Lass uns endlich unsere Ketten abschütteln und uns erheben gegen die Mächtigen«, worauf der andere erwidert: »Jetzt lass doch endlich die alten Kamellen.«

Resignation verändert nichts. Auch Zynismus und Abgeklärtheit sind nur eine andere Form, sich mit den Verhältnissen zu arrangieren: »Hast du's in den Nachrichten gehört? Schon wieder eine Tierart ausgerottet, irgendwo in Australien. Schade, wirklich, und was gibt's zum Abendessen?« Es ist allem Bis-zum-Überdruss-Bescheid-Wissen zum Trotz notwendig, an der Empörung festzuhalten. An diesem naiven Entsetzen, das einen befallen kann, wenn man sieht, was der Mensch der Natur angetan hat, den Urwäldern und den Ozeanen. Und was man mit den Tieren anstellt, davon kann man doch gar nicht sprechen, ohne vor Scham zu erröten. Große Legefabriken und Shrimpsfarmen im ostasiatischen Schlamm und genmanipulierte Rinder, die brüllen, bis man ihnen die Zunge rausschneidet. Früher hatten schon Kinder einen Bezug zum Schlachten; sie waren dabei, wenn eine Sau dran glauben musste oder das geköpfte Huhn noch eine Weile zuckte. Heute verschwindet der Tiertod oft genug hinter einer Maske aus Niedlichkeit, wie bei der Bärchenwurst, wo man das zerkleinerte Tier in dessen eigenen Darm stopft, ein Lächeln reinschnitzt und das Ergebnis seelenruhig an seine Kinder verfüttert. Das ist Teil der ganzen Verblendung, dieser ÜberUnterFalschbeleuchtung, die dafür sorgt, dass alles so schwerelos scheint und folgenlos. Aber das ist es eben nicht, denn auch die Bärchenwurst ist ein totes Tier, und das Leben währt nicht ewig und ein See, in dem man nicht mehr baden kann, ist eine traurige Angelegenheit.

Vielleicht sollte man sich auch nicht so große Sorgen machen um die Natur. Das Waldsterben und der saure Regen sind schneller aus der öffentlichen Wahrnehmung verschwunden als das Gesicht von Altkanzler Kohl. Wer weiß, wie lange die heutigen Themen wie Klimawandel, Ozonloch oder das Schmelzen der Polkappen die Gemüter erregen. Denn es ist ziemlich wahrscheinlich, dass die Natur irgendwie weitermacht. Kann durchaus sein, dass sich alles wieder von selbst regelt, Naturkatastrophen, Seuchen, Dürren, Hungersnöte und nur noch ein kleines Häufchen Überlebender, das stumm einen Reaktor bewacht. Oder wir fliegen doch noch irgendwann zu den Sternen, reproduzieren uns völlig außerhalb des Körpers und digitalisieren unser Bewusstsein. Alles scheint möglich. Fast alles. Ebendeshalb lohnt es sich, sehr genau über den Unterschied zwischen dem Machbaren und dem Wünschbaren nachzudenken. In welcher Welt wollen wir leben? Was wollen wir unseren Kindern zeigen? Was heißt es, ein gutes Leben zu führen?

Denn wir spüren die Grenzen des Wachstums, und wir ahnen, dass es ein schlechtes Ende nimmt mit der Gier. Als ob es nicht langsam dringlich würde und als ob das nicht ein Grund wäre für diese wortlose Angst, die unser Leben mehr und mehr zu begleiten scheint. Die Brüder Grimm haben im 19. Jahrhundert ihre *Kinder- und Hausmärchen* veröffentlicht. Im ersten Band findet sich das Märchen vom Fischer und seiner Frau. Die beiden leben in Armut in einem Pisspott am Meer, bis eines Tages der Fischer einen großen Butt fängt, der ihn mit menschlicher Stimme anredet. Der Butt verspricht, dem Fischer einen Wunsch zu erfüllen, wenn er nur wieder ins Meer zurückgelassen wird. Der Fischer bittet um eine kleine Hütte für sich und seine Frau, die Ilsebill, und der Fisch erfüllt seine Bitte. Aber das ist Ilsebill nicht genug. Sie will kurz darauf doch lieber Königin werden mit einem großen Schloss, dann Kaiserin, schließlich Papst. Und immer wieder geht ihr Mann zur See und ruft nach dem Butt, während der Himmel jedes Mal düsterer wird und grollender, und ihm ist nicht wohl dabei, gar nicht. Schließlich will die Ilsebill auch noch Gott werden, und da reicht es selbst dem großzügigen Butt, und eins, zwei, drei, sitzen beide wieder im Pisspott.

Genügsamkeit und Größenwahn, Angemessenheit und Hybris, Zivilisation und Dekadenz. Das scheinen die Schwingungspole unserer Spezies zu sein. Schöpfung und Zerstörung als universelle Prinzipien, die sich in allen Epochen aufs Neue manifestieren. Also doch postkapitalistischer Weltenbrand, Krieg, Katastrophe, reinigendes Feuer? Hooray, hooray, Apokalypse? Oder der totale und gründliche Fuck-up und nichts wie weg vom Blauen Planeten?

Der Philosoph Helmuth Plessner schreibt in *Die Stufen des Organischen und der Mensch*: »Der Menschheit Würde ist in ihre Hand gegeben. Aber diese Würde hat ihre Wurzel nicht allein in der Ebenbildlichkeit des Menschen zu Gott, sondern ebenso sehr in dem mit der Abständigkeit zu sich gegebenen Abstand zu ihm.« Diese Ebenbildlichkeit zu Gott hat nichts mit einem kirchlichen Gottesbild zu tun. Ob der Mensch von einem Schöpfer geschaffen wurde oder ein evolutionäres Zufallsprodukt darstellt, ist hier nicht weiter von Belang. Es geht vielmehr darum, dass er selbst *Schöpfer* seiner Umwelt geworden ist. Und dass er, durch die Möglichkeit, sich selbst und sein Tun in Frage zu stellen, in einem grundsätzlichen Sinn Herr seiner Handlungen ist und damit auch für sie verantwortlich. Unsere Spezies kann bewusst oder aus Blödheit Selbstmord begehen. Das Gemeine dabei ist, dass so ein atomarer Kahlschlag, ein immer größer werdendes Ozonloch oder die Entwicklung einer genmanipulierten Superpflanze auch das Leben aller anderen Spezies beeinträchtigt. Denn wir wissen im Gegensatz zu den Tieren vom Leiden und Leben der anderen und dieses Wissen ist das Wesen unserer Verantwortung. Deshalb rettet ein kleiner Teil der Menschheit mit großem Aufwand einen seltenen neuseeländischen Laufvogel, behütet das Territorium vom Aussterben bedrohter Wiesenbrüter, protestiert gegen die Verschmutzung der Luft und der Meere und das Sterben der Korallen und sucht nach einem Weg, den tasmanischen Teufel von Krebs zu heilen. Doch die überwiegende Mehrheit bohrt weiter, rodet, beutet aus. Fracking, anybody? Profit bleibt Profit und nach mir die Sintflut. Doch wann ist genug genug? Was ist notwendig, und was ist überflüssig? Und wem nützt es, wenn trotzdem immer noch alle schreien: Mehr, mehr, mehr?

Vielleicht ist es auch schon zu spät, vielleicht sind wir zu weit gegangen mit unserer gottverdammten Gier. Ganz nebenbei hat unsere Spezies den »Cult of Atom« gegründet. Alle Götter, die man sich je ausdachte, oder anbetete, je nach Perspektive, alle Religionen in der Geschichte der Menschheit hatten oder haben eine Lebensdauer von allerhöchstens 3000 Jahren. Doch in den letzten hundert Jahren haben wir unversehens einen Vertrag mit einer anderen Art von Ewigkeit geschlossen: die nächsten 30 000 Jahre auf strahlenden Müll aufpassen, viel Spaß, Spezies Mensch, mit deiner geheimen Lust am Untergang. Wie beschriftet man einen Knopf mit dem Aufdruck »Nicht drücken« auf eine Weise, die Jahrtausende hält?

Der Philosoph Friedrich Nietzsche war kein Nihilist. Er fürchtete den Nihilismus und das, was passieren kann, wenn die Menschen nicht mehr daran glauben, dass ihre Taten zählen und ihr Schicksal ein Gewicht hat, geborgen in Gott. Dem gegenüber hat er das Leben verteidigt, die schiere Tatsache unseres Hierseins und die Verantwortung, die es mit sich bringt, uns als Verursacher unserer Lebensumstände zu begreifen. Von einem »fröhlichen Erdensinn«, den es zu schaffen gelte, hat er gesprochen, von einem Aushalten und Bejahen unserer undurchschaubaren Existenz. Denn nicht nur wir gestalten das Leben, ebenso sehr gestaltet es uns, unvorhersehbar, oftmals bedrückend und seltsam sinnlos. Ein Mädchen ertrinkt, ein Hund wird überfahren, eine Liebe geht vorbei.

Kein Wunder, dass wir so verrückt sind nach Sicherheit,

Sichtbarkeit und Transparenz und dem Kinderglauben, guten Menschen würden gute Dinge passieren. Erschreckend ist das Bewusstsein der Endlichkeit ohne einen Gott, der uns auffängt und behütet, und unberechenbar bleibt das Leben. Ordnung, Heil und Bindungen aller Art sind stetig bedroht, von äußeren Kräften ebenso wie von uns selbst. Denn der Mensch kann das dunkle Tier, das er selbst ist, nicht töten, höchstens bezähmen, und der erste Schritt ist, es anzusehen, gütig und streng. Doch wenn der Mensch nicht endlich zur Vernunft kommt, läuft alles aus dem Ruder, angefangen mit der Ausbeutung und Missachtung der Natur – ob in uns oder außerhalb von uns. Wenn es so weitergeht, verglüht die Jugend im Leistungsdruck, verwandeln sich unsere Institutionen in Unternehmen, die nicht mehr der Gesellschaft dienen, sondern nur noch dem Profit, sterben die Alten einsam und vergessen und reiche Menschen reisen in arme Länder und vergreifen sich an allem, was ihnen in die Finger kommt, während wir alle gemeinsam staunend fragen: War ich das etwa? Ja, du warst es. Und du. Und ich auch. Echtzeit ist nur eine Illusion. Verlass dich drauf, das Leben geht weiter, Dinge haben Folgen und wenn etwas Kostbares kaputt geht, lässt es sich manchmal nicht mehr reparieren. Auch wenn man in vorauseilendem Gehorsam gelernt hat, so zu tun, als könne man sowieso nichts ändern, und überdies sei doch eh alles egal. Diese Haltung ist ebenso bequem wie feige, denn auch Wahrnehmen ist ein Handeln, und jeder Einzelne zählt.

Man stelle sich eine Wiese vor, eine Frühlingswiese, die ein bisschen duftet, es gibt Bienen und Ameisen, die auf den

Spitzen der Grashalme balancieren, gelbe Butterblumen und weiße Gänseblümchen mit rosa Blütenrändern und haufenweise frischen Klee. Zwischen zwei hohen Gräsern funkelt ein Spinnennetz in der Sonne, darin hat sich eine Fliege gefangen, halbverwest. Auf jedem kleinen Rasenstück ist immer alles, Leben und Tod, Jagd und Ruhe, Schönheit und Verfall. Die Natur ist nichts, was wir nach unserem Bilde formen, sie ist einfach, ein großes Werden und Vergehen, verspielt, großzügig und gewissenlos. Wie kleine Kinder, die immer auch kleine Tiere sind mit scharfen Zähnen, grausam und zutraulich zugleich. Emma und Fanny leben auf dem Land und sind beide ungefähr sieben Jahre alt. Die eine hat lange braune Zöpfe und die andere einen fransig geschnittenen Pagenkopf. Sie besitzen eine beeindruckende Käfersammlung. Die Mutter von Emma hat ihnen ein großes Glas gekauft, das die Mädchen mit Salatblättern und Käfern gefüllt haben und im Halbschatten verwahren. Die Käfer sind grünmetallisch schillernd, manche haben einen goldenen Schimmer, und Fanny sagt sehr ernsthaft, dass die Käferscheiße erstaunlicherweise orange sei, kleine Klumpen, die sie unbekümmert wegwischt. In dem Glas sind auch ein paar tote Käfer, aber die Mädchen kümmert das nicht. Kinder haben keine Angst vor dem Tod. An ihrem Spiel ist auch nichts Niedliches, so wie Kinder selbst auch nicht niedlich sind, vor allem nicht miteinander, wo sie handeln und feilschen und kämpfen und sich die Wahrheit sagen, während sie sich über die Erwachsenen wundern, die sich und anderen, ohne mit der Wimper zu zucken, ins Gesicht lügen. Niedliche Kinder und kitschige Natur sind typische Fantasien, die etwas zudecken, was man kaum aushalten kann, weil es *echt* ist, lebendig und unberechenbar.

In seinem Buch über den idealistischen Philosophen Hegel, den er »den erhabensten aller Hysteriker« nennt, denkt Slavoj Žižek über Perspektiven nach, von denen aus man Sachverhalte und Tatsachen beurteilt. Dabei formt der Blick immer auch das Angeblickte. Wenn man nachvollzieht, aus welcher Perspektive jemand spricht, offenbaren sich oft genug verborgene Macht- und Herrschaftsverhältnisse. Wer die Natur niedlich findet, Tiere treudoof, Kinder herzallerliebst, von ländlicher Idylle oder irgendwelchen edlen Wilden spricht, dem mangelt es vor allem an praktischer Erfahrung. Die reinliche Bauernstube und die fromme Einfalt der Landbevölkerung existierten damals nur für den vorbeireitenden Gutsherrn, der von oben herab auf seine Ländereien und Untergebenen blickte und die Wahrheit über Kälte und Wanzen und endlose Plackerei weder wahrnahm noch wissen wollte. In diesem Sinn war und ist Kitsch nichts anderes als die Verschleierung realer Machtverhältnisse, ein Seelentrost, so weich wie das Laken dessen, der die Welt immer noch vom Pferd aus betrachtet. Žižek führt auch die Filme von Charlie Chaplin an, in denen der Umgang mit Kindern ruppig und dabei seltsam zärtlich ist. Er schreibt: »Von welchem Blickpunkt aus müssen wir Kinder sehen, damit sie uns als Objekte von Spott und Hohn und nicht als sanfte und schutzbedürftige Wesen erscheinen? Die Antwort ist natürlich – vom Blick der Kinder selbst aus.« Diesen Blick gilt es wiederzufinden, den scharfen Kinderblick, der genau weiß, was richtig ist und was falsch, nicht in einem moralisch-gesellschaftlichen, sondern in einem tieferen, seelischen Sinne. Kinder wissen, dass es das Böse gibt und wie es aussieht. Nur wir Erwachsenen haben es vergessen.

Stellen wir uns ein Kind vor, dem etwas auf dem Herzen liegt. Vielleicht hat es aus Neugier ein Tier gequält oder einen Kameraden beleidigt oder etwas gestohlen, und jetzt will es davon berichten, sich freisprechen von Schuld und Lust. Und man hört ihm ernsthaft zu und nimmt ihm die Beichte ab. Das ist eine Sache, die wir füreinander tun können. Dafür braucht es keine Kirche und keinen Gott. Und dann nimmt man das Kind an die Hand und geht mit ihm über diese Frühlingswiese, hier taumelt ein Schmetterling, dort liegt ein verlassenes Schneckenhaus, da blüht ein Wegerich. Was bringt man dem Kind über die Natur bei? Was zeigt man ihm? Und was wird verheimlicht? Warum? Und was würde man tun, wenn das Kind vor einem stünde, nicht schuldbewusst, sondern traurig, in seiner Hand ein totes Haustier?

Zumindest bei Letzterem ist die Antwort eindeutig. Man nimmt den kleinen Vogel, das Meerschweinchen, die Katze, legt das Tier in eine Schachtel und begräbt es. Man legt vielleicht einen Brief dazu, ein Bild, ein Gebet. Es scheint, als sei das die einzig anständige Weise, auf Wiedersehen zu sagen. Denn ein Haustier ist erhoben aus der Welt der stummen Tiere und geadelt durch die Liebe und Bedeutung, die wir ihm geben, und doch zeigt sich in jedem Tier, das unser Leben geteilt und wieder verlassen hat, wie unendlich wert es dieser Liebe gewesen ist.

Die Natur verspricht nichts, aber sie schenkt alles. Auch Pflanzen kann man lieben. Gudrun Gottschall ist eine Wissenschaftsjournalistin Mitte 30, viel unterwegs, hat keinen Mann und keine Kinder. Ihre Wohnung ist voller Pflanzen, die sie zum Teil schon seit Jahren besitzt. Gudrun ist eine nüchterne Frau mit kantigen Zügen, die weder für Romantik noch für Spiritualität viel übrighat. Ihr käme auch nie in den Sinn, mit den Pflanzen zu reden. Sie werden einmal in der Woche gegossen, welke Blätter werden entfernt und alle paar Jahre wird die alte Erde ausgetauscht. Ein großes Getue macht man nur um die Dinge, derer man sich noch nicht ganz sicher ist. Einmal ertränkte ihre Nichte, die sich während Gudruns Geschäftsreisen immer um die Pflanzen kümmert, einen alten Gingko, den sie daraufhin schuldbewusst wegwarf. Gudrun saß in einem amerikanischen Hotelzimmer, las die elektronische Beichte ihrer Nichte und kämpfte ein paar Minuten lang mit den Tränen.

Eins ist jedoch gewiss – die Natur ist immer anders als das Bild, das man von ihr hat. Sie ist karger und vielfältiger, banaler und gewaltiger, grandioser und verhaltener, als man es sich vorstellt. Vor allem, wenn man lange nicht mehr draußen war oder einen Bildschirm zwischen die eigenen Sinne und das Leben geschoben hat. Die Natur muss man aushalten, ihr Schweigen, ihre fremdartige Gewissheit. Man nehme einen Sonnenuntergang, die Farben des Meeres, den nächtlichen Sternenhimmel – es *ist* einfach. Und man muss still werden, ein bisschen stiller, als man es gewohnt ist in dieser lauten Zeit, und genau hinschauen, bis man merkt, dass sich das Leben direkt vor den eigenen Augen entfaltet, immer neu, immer anders. Denn kein Moment gleicht dem anderen, Licht, Luft, dahinziehende Wolken, der Wechsel der Tages- und Jahreszeiten. Die

Natur ist die lebendige Bühne, auf der unsere Existenz sich vollzieht.

Wenn es ans Sterben geht, wünschen sich viele Menschen, dass sie sich selbst treuer gewesen wären, mehr Gefühle gezeigt, mehr riskiert und mehr geliebt hätten. Daran erinnert man sich, wenn man mit dem Tod spricht, der immer noch auf der Couch sitzt, den Rücken gerade, die knochigen Hände entspannt. In der Luft hängt noch seine letzte Frage an dich. »Warum lebst du?« Vielleicht gibt es schon Antworten, es gibt immer Antworten, wenn man ein bisschen über solche Dinge nachdenkt. Mit dem Tod über das Leben zu sprechen führt direkt zum Lebendigen. Und zu allen Momenten, in denen es verraten wurde. Seltsam, wie gut man sich doch erinnert. Man bereut, was man nicht getan hat, nicht gewagt, nicht gesagt hat, man bereut die Liebe, die man für sich behalten hat, und die Dinge, die man den anderen angetan hat, aus Dummheit oder Bosheit oder schlichter Bequemlichkeit. Im Internet gibt es eine Seite, auf der man anonym beichten kann: www.beichthaus.com. Dort finden sich immer wieder die gleichen Themen. Ich habe ein Tier gequält. Ich habe einen Menschen betrogen. Ich hab schon wieder was im Supermarkt mitgehen lassen. Alles wiederholt sich. Der Mensch weiß also sehr wohl, was gut und was schlecht ist. Er hat ein Gewissen, und diesem Gewissen sollte man zuhören, wenn man nicht eines Tages aufwachen möchte mit diesem ganz bestimmten Bedauern, das kälter ist als der Tod.

Man muss das Lebendige in sich bewahren. Ihm zuhören, es pflegen und fördern. Auf die eigene Stimme hören, die sagt, das mag ich, das hasse ich, das schmeckt mir. Den begehre ich, die liebe ich, das brauche ich, das fehlt mir. Dem eigenen Urteil vertrauen, dem eigenen Körper, dem Gespür, das wir alle haben für uns, die anderen Lebewesen und für unsere gemeinsam bewohnte Welt. Aber man muss sich auch zurechtweisen, wie man ein ungehorsames Kind zurechtweisen muss, wenn es gierig ist, grausam oder gemein. Jeder Mensch kann sein Handeln von außen sehen. Jeder Mensch ist begabt mit der Fähigkeit zu Einsicht und Moderation. Wenn die innere Stimme nicht mehr spricht, vertrocknet man und geht sich selbst verloren, wenn ihr nicht geantwortet wird, verroht man und schrecklich sind die Wünsche und der Hass eines vernachlässigten Kindes. Kompliziert ist das alles, aber auch aufregend. Vor allem, wenn man sich klarmacht, dass die Alternative darin besteht, zu machen, was man halt so macht und dabei auf das Leben zu warten wie ein Idiot auf einen Bus, der niemals kommt.

Wir Menschentiere sind keine Monaden, auch wenn die westliche Lebensweise diesen Eindruck hervorzurufen scheint. Besonders, wenn man den ganzen Tag vor dem Netz hängt und die anderen zugleich obszön nah und unerreichbar fern erscheinen. Die aktuelle Version der Monade ist ein trauriger Stein, der in amerikanischen Netzwerken die Runde macht. Unter ihm steht geschrieben: Forever Alone. Das ist der Alptraum in allen seinen Spielarten: eine Welt ohne Du, eingeschlossen in die banalen Kreisläufe der eigenen Wahrnehmung. Dieser Schrecken ist allerdings selbstverschuldet. Denn alles ist miteinander verbunden und voneinander abhängig. Es gehört zu den größten Leistungen der Spezies Mensch, trotz eines sich in jeder Sekunde entfaltenden Universums verbissen im eigenen Bauchnabel zu pulen und dabei zu murmeln: Ist ja scheißlangweilig hier.

Alles Denken, das den Weg vom Ich zum Du bezweifelt, wurde durch die Entdeckung der Spiegelneuronen Mitte der 90er Jahre in Frage gestellt. Spiegelneuronen sorgen dafür, dass sich die emotionalen Zustände unserer Mitmenschen in uns selbst abbilden. So funktionieren Fremdschämen und Mitfühlen und geteilte Freude. Deshalb verzieht man das Gesicht, wenn ein anderer sich weh tut, deshalb fängt man oft unwillkürlich an zu lächeln, wenn man einen anderen lächeln sieht. Und obwohl es Erfahrungen gibt, die weder verallgemeinerbar noch teilbar sind, hat man zumindest eine Ahnung davon, wie sich das Leben der anderen anfühlt. Zum Gegenüber bestehen deshalb sowohl Nähe als auch Distanz. Nie werde ich vergessen, wie Henrietta Winckelmann, eine energische Frau Anfang 40, die an einer privaten Hochschule unterrichtet und mehrere Bücher geschrieben hat, zu mir sagte: »Du wirst nie wissen, wie es sich anfühlt, eine schwarze Frau zu sein.«

Allem Mitfühlen zum Trotz kann ein weißer Mensch das wohl wirklich nicht wissen, genauso wenig, wie ein Zivilist wissen kann, wie es ist, im Krieg zu sein, oder wir nachvollziehen können, was es heißt, wenn die Familie verhungert oder in einem Lager lebt. Das muss man sich immer wieder klarmachen, vor allem, weil die Medien tagtäglich Bilder präsentieren, die eine Art falsche Vertrautheit schaffen. »Ach ja, schon wieder ein kaputtes Kind, schon wieder ein bärtiger Selbstmordattentäter, schon wieder ein Flüchtlingsschiff gesunken vor den Küsten Europas. Immer das Gleiche. Hast du Bier mitgebracht?« Lebendig zu bleiben heißt, empfindsam zu bleiben für fremdes Leben, fremdes Leiden und für fremde Freude. Auf der einen Seite steht die Vielfalt unserer Leidenschaften und Wünsche. Denn des einen Ekel ist des anderen Lust und des dritten Gleichgültigkeit. Auf der anderen Seite jedoch steht die Ähnlichkeit unserer Grundbedürfnisse. Das Menschentier braucht ein Dach über dem Kopf und genügend zu essen, es braucht Zugehörigkeit, Anerkennung und Sicherheit. Diesen Respekt vor dem Lebensraum des anderen nenne ich animalische Solidarität, eine Art intuitives Wissen, wie es ein Tier vom anderen hat. Doch obwohl wir es alle wissen, wird genau diese Solidarität täglich mit Füßen getreten.

Dennoch – wir sind uns nah. Und wir kommen uns näher und immer näher. Das Internet öffnet die Kulturen füreinander und auch das trägt dazu bei, uns selbst zu erkennen. Durch die Ähnlichkeit unserer Konflikte, Bedürfnisse und Sehnsüchte verstehen wir auch unsere eigene Lebensweise besser. Wir alle müssen uns in der Gesellschaft zurechtfinden, sind auf der Suche nach Sinn, Glück und Selbstachtung, haben Angst vor Krankheit, Alter und dem Sterben. Was ist Kultur anderes als die Weise, auf die eine Gruppe von Menschen die immer gleichen Punkte organisiert: Geburt, Sexualität, Spiritualität, Arbeit und Tod? Jede Kultur tut es auf ihre Weise. Sandfarbene Kasbahs in der Wüste, flache Tische und dampfendes Lammfleisch, dunkle Gassen und Frauen, in schwarze Schleier gehüllt. Breite Boulevards mit leuchtenden Schaufenstern, das Geräusch hoher Absätze und das Rasseln einer vorbeifahrenden Tram. Eine kleine Bambushütte auf einer tropischen Insel, unter ihre Stelzen eine Hängematte gespannt, Kochgeschirr auf dem gefegten Boden und ein Fernseher, der unablässig läuft. Was wäre die Welt ohne das Spektakel unserer Unterschiede, allen Gemeinsamkeiten zum Trotz?

Wäre es nicht möglich, dem Gegensatz zwischen Kultur und Natur eine neue Wendung zu geben? Ist es nicht das Schöpferische, das beide vereint? Während die Natur Pflanzen, Tiere und Landschaften hervorbringt, verschwenderisch und verspielt, produzieren wir Menschen Ideen, Bilder und Lebensweisen, die bei etwas weiter gefasster Perspektive ebenso zufällig und kapriziös erscheinen wie Orchideen im Regenwald. Analog zum Naturschutz müsste man mittlerweile vom Kulturschutz sprechen, denn schrecklich wäre eine Welt, in der es so aussieht wie in der Einkaufspassage eines internationalen Flughafens. Aber das sind nur Äußerlichkeiten, eine fast nostalgische Sehnsucht nach kleinen Geschäften, die in anderen Ländern noch an der Tagesordnung sind, zusammen mit dem Verkauf dessen, was selbst angebaut oder von Hand gefertigt wurde. Und es entstehen auch immer wieder neue kulturelle Praktiken – Videoclips, Tänze, Online-Lesungen, eine philippinische Twitterszene, südafrikanische Popmusik, die ganzen Abkürzungen und *Icons*, mit denen wir digital kommunizieren. Kultur ist etwas Lebendiges. Und sie betrifft nicht nur die Weise, wie wir wohnen und essen und arbeiten, sondern auch, wie wir auf uns und unser Dasein Bezug nehmen. Sie gibt dem Einzelnen eine Sprache. Wir Menschen haben Worte, die sind wie ein ganzes Leben. Doch nicht nur diese Tiefe ist bedroht. Sondern auch die Möglichkeit, sein Leben auf einzigartige Weise zu erzählen. Im Westen wird das Sprechen von sich eingeebnet, psychologisiert und standardisiert und so auf einen möglichst erfolgreichen Lebenslauf hin ausgerichtet. Am Ende steht eine Geschichte von Gelingen und Notwendigkeit, die Zufälle ebenso ausschaltet wie Irrwege oder Versagen. Negatives wie Außergewöhnliches scheinen dadurch langsam von der Landkarte des Sagbaren zu verschwinden.

Dabei müssen wir doch auf alle Aspekte unseres In-der-Welt-Seins antworten. Denn im Gegensatz zu den Tieren tragen wir Menschen Verantwortung. Sie macht uns aus. »Die Diskurse der Menschen haben Konsequenzen«, sagt die Philosophin Alenka Zupančič. Das, was wir Menschen über die gemeinsam bewohnte Erde und übereinander denken, hat reale Auswirkungen, die zur Auslöschung ganzer Ökosysteme führen können. Oder zum Völkermord. Unsere Ideen und Menschenbilder sind wirkmächtig, sie erschaffen unsere Wirklichkeit. Es macht etwas aus, ob man Naturschutz für wichtig hält oder nicht. Ob einen der Hunger des anderen etwas angeht oder nicht. Ob es Gesetze und Institutionen gibt, die Arme, Schwache und Kranke schützen. Oder eben nicht. Das Lebendige muss behütet werden, in uns und in den anderen, gerade weil es stiller ist als die lauten Forderungen einer sich immer weiter beschleunigenden Gegenwart. Die vor lauter Fortschrittseuphorie und Profitgier den ersten Leitsatz für die Eroberung unbekannten Territoriums vergessen hat: Gib erst Vollgas, wenn du weißt, wo du hinwillst.

Gier, Geilheit, Größenwahn. Der dunkle Affe steckt in jedem von uns und will alles nehmen-erobern-beherrschen, was ihm vor die Augen kommt. Wenn sich diese angeborene Blödheit, mit der jeder Einzelne täglich zu ringen hat, mit einem auf Gewinnmaximierung ausgerichteten Weltbild verbindet, das solche Impulse nicht nur legitimiert, sondern auch fördert, ist es nicht verwunderlich, dass sich langsam ein gewisses Unbehagen breitmacht. Denn wenn der Wert der Natur ihr Ertrag ist und der Wert des Tieres seine Tauglichkeit als Futter, Lastenträger oder Attraktion, dann ist der Wert des Menschen seine Arbeitskraft und seine Fähigkeit, ein gutes Bild abzugeben. Doch die Würde des Menschen liegt jenseits solcher Zwecke. Sie ist gegeben, sie kann nicht errungen werden. Deshalb ist sie unverlierbar. Eine Zeit, die den Wert eines Menschen mit seiner Leistungskraft gleichsetzt, ist eine würdelose Zeit. Sie diskriminiert diejenigen, die zur Verwertung entweder noch nicht oder nicht mehr tauglich sind, und damit irgendwann uns alle. Es gehört zu den größten Errungenschaften der Menschheit, ein Konzept von bedingungsloser Würde formuliert zu haben. Es gehört zu ihren größten Tragödien, dass diese Würde weder auf globalem Niveau noch in den zunehmend erfolgsorientierten Gesellschaften des Westens geachtet wird. Stattdessen neigen wir dazu, unseren Selbstwert an mess- und vorzeigbaren Dingen festzumachen, an Haus, Auto, Pool. Das ist alles gut und schön, aber was passiert, wenn man seine Stelle verliert, die Ehe zerbricht oder man krank wird, schwach und hilflos? Dann merkt man erst, dass gerade das Beharren auf die kategoriale Nutzlosigkeit des Menschen, verbunden mit dem Gebot, genau diese zu lieben und zu beschützen, die Grundlage ist für alle Beziehungen, die das Reich des Widerwärtigen zu verlassen vermögen.

Denn wenn der Wert des Lebens allein in seiner Verwertbarkeit besteht, dann ist es irgendwann gar nichts mehr wert. Kinder und alte Menschen leisten nichts, sie *sind* einfach, so wie die Natur einfach ist. Schon aus Eigennutz – Kinder waren wir alle, alt werden wir alle, wenn nichts dazwischenkommt – sollte der Wert des Lebens nicht nach ökonomischen Maßstäben bemessen werden. Wenn der Wert des Lebens also vielmehr in seiner Unverwertbarkeit besteht, kann man plötzlich wieder fragen, welche Perspektive das allgegenwärtige Nützlichkeitsdenken ersetzen und somit der Tatsache unseres gemeinsamen Hier-und-jetzt-am-Leben-Seins dienlicher sein könnte. Warum nicht ein Umgang mit uns und der Welt, der uns als Einzelne und als Spezies dazu anhält, Gerechtigkeit, Solidarität und Freiheit zu fördern? Schönheit, Großzügigkeit, Leidenschaft? Und dadurch Raum lässt für ein Leben, das dem Einzelnen die Möglichkeit gibt, seine Existenz immer wieder neu zu erfahren, anstatt sie in Selbstdarstellung zu verfehlen?

Diese ganze Selbstdarstellung, -kontrolle und -verwertung ist nichts als eine Fiktion, die etwas viel Komplexeres und Undurchdringlicheres verdeckt, wie Kitsch nichts ist als ein billiger Trost angesichts der Unergründlichkeit von Kindern und Natur und Liebe. Doch eine Erfahrung von Sinn braucht genau diesen Kontakt – ob mit einem echten Kind, echter Natur oder einfach einem echten anderen Menschen. Man setzt sich selbst etwas Fremdem aus, in sich, im anderen oder in der Natur. Vielmehr, die Natur in uns und um uns ist wesentlich dieses Andere, nämlich das, was sich nicht zum Bild machen lässt. Es braucht in jedem Leben Platz für alles, was eine Sprache, aber keine Worte hat. Und was ist das? Es ist das, was Goethe das *Ineffabile* nennt, die Kunst *je ne sais quoi* und die Philosophie *Aura*. Es sind die Spuren einer Erfahrung, die über ihre Beschreibung hinausgehen.

Ein Tag am Meer. Nur Idioten und Reiseveranstalter denken, es sei leicht, einen Tag am Strand zu verbringen. Es ist vielmehr unglaublich schwer. Da liegt man auf einem Badetuch oder einer Matte und muss etwas tun, was der moderne Mensch fast vollkommen verlernt hat: nichts. Deshalb werden Picknickkörbe, Strandspielzeug, Bücher und MP3-Player mitgenommen, deshalb baut man Burgen oder stürzt sich ins Wasser, nur um einige Zeit später wieder auf das endlose Anbranden der Wellen zurückgeworfen zu sein. Am Meer zu sein, ohne sich im selben Moment davon abzulenken, bedarf einer gewissen Charakterstärke, weil sich in dieser zunächst unschuldig erscheinenden Szenerie eine Erfahrung wiederholt, die man beschreiben könnte als Berührung des Endlichen mit dem Unendlichen, eine Ewigkeitserfahrung ohne Gott. Auch in die Sterne zu blicken hat etwas zugleich Berauschendes und Unheimliches – ihr Leuchten, ihr Pulsieren, ihr Schweigen, die ganze fremdartige Schönheit des Universums. Und schon beginnt man wieder das Menschenspiel: Hast du den Großen Wagen gesehen, kennst du Andromeda, sieh mal, eine Sternschnuppe!

Diese Erfahrung der Natur, als etwas, das uns durch seine schiere Größe und Unerreichbarkeit eine Art Gewalt antut, verbindet sich mit einer Erfahrung des Erhabenen. Diese ist die Auswirkung einer Begegnung mit etwas, das so groß ist, dass es uns nicht klein macht, sondern gerade richtig. Zugleich liegt ein existentieller Trost im Vorhandensein von Dingen, die sich der Beherrschung oder der wissenschaftlichen Durchdringung entziehen, die Anteil haben an dem Teil des Existierenden, den wir vielleicht wahrnehmen, aber niemals erobern können. Dazu gehört die nur als Augenblickserfahrung mögliche Gewissheit, dass diese Phänomene uns überdauern, dass die Sterne da sein werden, wenn ich nicht mehr bin, dass das Meer weiter rauschen wird und die Berge glühen im späten Sonnenlicht.

Vielleicht ist das, was die Menschen der Natur antun, nichts weiter als eine ressentimentgeladene Rache an ihrer rätselhaften Dauer. Denn Naturerfahrungen erinnern den Betrachter an den Teil des Lebens, der nicht in seiner Hand liegt, an ein Werden, das nicht von seinem Willen abhängt, und an eine Schönheit, die nicht von ihm gemacht wurde. Die Frage ist nur: Ist das so schlimm? Ist nicht genau diese Passivität eine ungeheure Entlastung und nicht sogar notwendiger Bestandteil einer Erfahrung von Sinn?

Der Mensch sucht nach Ordnung, Mustern, Bedeutung. In diesem Prozess überzieht er auch noch die fernsten Sterne mit einem Netz aus Erklärungsmodellen. Doch etwas zu sehen, heißt nicht, es verstehen zu können, und schon gar nicht, es zu kontrollieren oder gar selbst hervorbringen zu können. Die Ansicht des Menschen, er sei die Krone der Schöpfung, ist eine Erfindung seines eigenen Geistes, eine Anmaßung, die umso schlimmer wird, wenn man diese Sonderstellung nur mit Rechten, aber keinesfalls mit Pflichten verbindet. Man stelle sich eine Unterhaltung zwischen einem jungen PR-Fachmann und einem Quasar vor. Der PR-Fachmann arbeitet für einen internationalen Konzern, Marktführer im Bereich Limonaden, und sitzt seit fünf Stunden in einem Meeting, in dem eine neue Social-Media-Strategie besprochen wird. Weltweit soll dazu aufgefordert werden, dass Menschen berühmte Filmszenen mit der Limonade in einer limitierten Retroflasche nachspielen und die Filme auf eine Plattform ins Netz stellen. Besonders stolz ist der PR-Mann auf seine Idee, es müssten romantische Szenen sein. Die User (früher Kunden) würden so unbewusst dazu angehalten, ihre emotionale Verbindung zum Getränk zu vertiefen. Währenddessen chattet er wiederholt mit einer Eventmanagerin, die ihm durch ein Businessnetzwerk zugelaufen ist und die er spätestens Ende der Woche bei einem gepflegten After-Work-Drink zu verführen gedenkt. Jedes Mal, wenn er ihr Foto anklickt, das den zeitgenössischen Anforderungen bezüglich der subtilen Vermischung von Professionalität und Sexyness entspricht, spürt er den Beginn einer Erektion.

Zur gleichen Zeit leuchtet ein Quasar, Kern einer weit entfernten aktiven Galaxie, die im Bereich des sichtbaren Lichts nahezu sternförmig erscheint und in den nicht sichtbaren, aber messbaren Bereichen des Spektrums ungeheure Energiemengen ausstrahlt. Hier und jetzt findet Schöpfung statt, wobei »hier« und »jetzt« wahrscheinlich keine zutreffenden Kategorien sind. Echte Teleskopaufnahmen zeigen einen verschwommenen Punkt mit einem Pfeil daneben, aber graphischere Annäherungen zeigen eine glühende Scheibe aus Materie, die darauf wartet, von einem schwarzen Loch verschlungen zu werden. Währenddessen werden an ihrer »Oberseite« und »Unterseite« gewaltige

Energieströme, sogenannte Jets, in die Weiten des Alls geschleudert. Das ist natürlich eine vereinfachende und vielleicht sogar falsche Beschreibung – schwarze Löcher beispielsweise sind immer noch eine Hypothese –, aber die Möglichkeit der Existenz eines unermesslich großen Wirbels, aus dem zwei lodernde Materiesäulen ins Universum hineinragen, ist fremdartig und anregend zugleich. Man könnte sich nun vorstellen, der PR-Mann und der Quasar SDSS J0013+1523 geraten in einem möglichen, wenn auch nicht wahrscheinlichen Universum in eine Unterhaltung, welche die Frage nach sich zieht, wie denn der Tag gewesen sei. Das darauf folgende Geschwätz des PR-Mannes ist ebenso belanglos wie vorhersehbar, doch der Quasar, dessen Tag fairerweise ein Licht- und kein Erdentag wäre, würde vielleicht etwas sagen wie: »Heute habe ich die Masse von 3000 Sonnen an das schwarze Loch verloren. Mein unterer Jet hat kurz gezittert und dabei die Farbe gewechselt, ein jähes Blau in seinem ruhigen Glühen. Der obere ist schon seit vielen Jahrtausenden rötlich, ich weiß nicht, warum.« Zum einen könnte man sagen, der Quasar hat wirklich was geschafft an diesem Tag, das ist mal Engagement und konkrete Umsetzung. Zum anderen ist das alles vollkommener Schwachsinn, der einzig dazu dient, die Beschränktheit einer Perspektive zu illustrieren, die auf Werten wie Nützlichkeit, Ertrag oder Arbeitsleistung besteht. Die Natur arbeitet nicht, sie *ist* und ihre Istheit ist die Symphonie ihrer sich wiederholenden Kreisläufe und einmaligen Entfaltungen.

Schöpfung findet ständig statt, das Universum wächst in alle Richtungen, und am Ende aller Dinge wartet nichts als Unbegreiflichkeit. Ein Weltbild, in dem der PR-Mann das letzte Wort über alles hätte, scheint nicht nur sehr langweilig, sondern ist schlichtweg falsch. Der Mensch als Teil der Natur ist nicht nur Schöpfer, sondern auch Geschöpf. Er ist ein Geworfener, Gemachter, Gedachter, gezeichnet von seiner Kultur, seiner Epoche und seinem Elternhaus und in der kurzen Zeit zwischen Geburt und Tod vielen Kräften ausgesetzt, die nicht in seiner Hand liegen. Diese Passivität zu negieren zeugt nicht nur von einem Mangel an Demut oder Einsicht. Sie führt auch zu einer ganz und gar falsch verstandenen Idee von Verantwortung, die hauptsächlich auf Fiktionen von Einflussnahme und Kontrolle beruht. Darin liegt diese ganze verkniffene Hysterie der späten Moderne – als könnte man die Unwägbarkeiten des Lebens durch immer beflissenere Selbst- und Weltkontrolle zu seinen Gunsten beeinflussen. Das in narzisstischer Verkennung von sich selbst besessene Ich ist entsetzt von allen Hinweisen auf seine Beschränktheit. Doch seine Rettung liegt gerade im Zulassen des Anderen und Fremden. Die wahren Glücksmomente im Leben gehen meist damit einher, von sich und seinem Ego Abstand zu nehmen. Ein Abstand, wie ihn auch das Erhabene in der Natur produziert, eine Kette von blauen Berggipfeln, ein silberfarbener Ozean oder schimmernde Bäume im Mondlicht. Ein Abstand, wie ihn aber auch Flow und Lust und Rausch versprechen, die Freuden des Genießens.

Wie kommt der Mensch nur darauf, alleiniger Schöpfer seiner selbst zu sein? Die Welt steht uns entgegen und wir tragen unsere Geschichte hinter uns her wie eine alte Kinderdecke, mit Steinen und Tod bestickt. Wir sind immer auch abhängige Wesen, abhängig von dem, was vor uns war, was mit uns ist, und vor allem abhängig voneinander. Und dennoch sind wir verantwortlich, wir müssen antworten auf die Dinge, wie sie sind, und zugleich überlegen, wie sie sein sollen. Denn sind wir nicht zugleich fiktionale und artifizielle Geschöpfe, getrieben von Fantasien und Ideen und Konzepten? So dass die bloße Reduktion des Menschen auf seinen Körper oder sein Gehirn eine ebenso kategoriale Verfehlung seines Wesens bedeutet wie die früheren Allmachtsfantasien à la Krone der Schöpfung?

Ingmar Abel ist ein Dandy. Sein Geld verdient er mit einem Buchladen und einem kleinen Online-Antiquariat. Er ist mittelgroß, hat eine schiefe Nase und die dunklen Haare sind immer eine Spur zu lang. Die Brille, die er trägt, schmeichelt seinem fliehenden Kinn nicht besonders, bringt aber seine dunklen Augen gut zur Geltung. Vor kurzem hat er seinen 42. Geburtstag gefeiert mit einem herrlichen Essen, zu dem seine wenigen Freunde eingeladen waren. Eine Freundin hat Ingmar schon lange nicht mehr gehabt, und er bezweifelt stark, ob das noch was wird mit einer eigenen Familie. Objektiv betrachtet ist seine Existenz ziemlich jämmerlich, aber subjektiv ist ihm jeder Tag ein stilles und tiefgründiges Fest. Ingmar kleidet sich in die feinsten Stoffe, die er sich leisten kann, er sucht nach besonderen Stücken auf eBay und auf den wöchentlichen Flohmärkten. Er hat eine erlesene Sammlung alter Bücher und auch wenn er alleine isst – und er isst meistens alleine –, deckt er den Tisch mit entspannter Sorgfalt.

Ingmar Abel ist kein Feind der Gegenwart, aber er bewohnt sie nicht wirklich. Er hat es sich irgendwo in der

Mitte des 19. Jahrhunderts bequem gemacht, an einem historisch realen, aber gegenwärtig vollkommen fiktiven Ort. Dafür ist er einen langen Weg gegangen von einem kleinen hässlichen Jungen in einer bedeutungslosen Provinzstadt zu der seltsamen und zugleich rührenden Figur, die er jetzt ist. Menschen wie Ingmar leben in ihren Träumen, was nicht unbedingt gleichbedeutend ist mit der allgegenwärtigen Forderung, seine Träume zu verwirklichen. Auch Ingmar wäre gerne erfolgreicher, besser bei Kasse und hätte gerne eine prächtige Villa mit einer großen Bibliothek, aber das Fehlen all dessen hält ihn nicht davon ab, sein Leben einer nostalgischen Fantasie zu widmen.

Auch Jonas Kretschmann, 21, Mutter Krankenschwester, Vater Ingenieur, hat eine Vision von sich, nach der er sein Leben entwirft. Jonas, sportlich, selbstbewusst und voller Ehrgeiz, will BWL studieren, Banker werden und ganz real in der prächtigen Villa wohnen, von der Ingmar nicht mal mehr träumen will. Dass das gerade alle wollen oder so viele, dass es sich wie alle anfühlt, ändert nichts daran, dass auch Jonas' konventioneller Plan eine Geschichte ist. Eine Geschichte, die erzählt, was richtig und was falsch ist, was es anzustreben gilt und welche Schritte man dafür gehen muss. Es gibt Menschen, die davon sprechen, dass harte Arbeit guten Lohn bringt, andere berichten, wie ihr Leben von glücklichen Fügungen und Zufällen bestimmt wird, wieder andere reden von widrigen Umständen, die sich immer im entscheidenden Moment gegen sie verschwören. Diese Geschichten ordnen die Ereignisse des Lebens und verleihen ihnen dadurch Bedeutung. Auch tut oder lässt keiner etwas ohne Grund, und dieser Grund ist immer eine

Geschichte. In diesen Geschichten leben wir und durch sie *schaffen* wir unser Leben, das gehört ebenso zur menschlichen Natur wie unsere Lust und unsere Gier. Diese Geschichten haben Konsequenzen, für den Einzelnen, der entweder an einer Eliteuni studiert oder einen Buchladen aufmacht, aber auch für uns als Spezies – wir sind auch, was wir uns über uns erzählen. Sind wir rationale Tiere oder Seelen, die nach dem Guten streben? Gibt es ewig gültige Ideen oder nur Einzelfälle? Haben wir einen freien Willen oder sind wir das Produkt unserer Gene und unserer Geschichte? Deshalb scheint mir, als könnten alle wissenschaftlichen Wahrheiten – so wichtig und gültig sie auch immer sein mögen – niemals die ganze Wahrheit über den Menschen zum Ausdruck bringen. Denn wir sind Möglichkeitswesen, kreative Kreaturen, die trotz aller Abhängigkeit ihre eigene Vergangenheit, Gegenwart und Zukunft erzählend gestalten. Ist die Kindheit als Freiraum wirklich so wichtig oder sollen die Kleinen besser schon früh optimal gefördert werden? Sollte man Philosophie an Schulen lehren oder doch lieber Glück? Darf man Menschen klonen? Embryos genetisch selektieren? Oder gar verändern? Das sind die Diskurse mit Konsequenzen, von denen Alenka Zupančič spricht, und hier liegen Möglichkeit und Notwendigkeit realer Einflussnahme. In unserer Zeit ist die Natur tatsächlich bedroht, das Klima ändert sich und das planetare Gleichgewicht droht zu kippen. Der Meeresspiegel ist um mehrere Zentimeter angestiegen, die globale Durchschnittstemperatur hat sich erhöht und zeitliche Abläufe wie die Aufeinanderfolge der Jahreszeiten haben begonnen, sich zu verschieben. Wir wissen nicht, was daraus entstehen wird. Die Wechselwirkungen unseres Biosystems sind einfach zu komplex. Doch allem menschlichen Größenwahn zum Trotz: Von der Erde und ihren Kreisläufen ist unsere Spezies abhängig, auch wenn wir die Oberfläche unseres Planeten kräftig bearbeitet, verformt und beleuchtet haben. Es muss uns gelingen, eine andere Geschichte über die Natur, ihre Rechte und unsere Rolle dabei zu erzählen – wir wohnen schließlich zusammen. Gerade ist das alles noch ein bisschen schizophren: Die rechte Hand streichelt ein seltenes Tier aus dem Amazonas und die linke holzt ihn ab, die rechte Hand recycelt den Müll und die linke kippt ihn ins Meer, die rechte Hand schützt den Langfederschweif und die linke eröffnet eine riesige Hühnerfarm.

Doch es kann auch gut sein, dass Trends wie Nachhaltigkeit und erneuerbare Energien sich durchsetzen und bestimmend werden und die Natur sich wie die Gesundheit zu einer neuen Göttin aufschwingt. Bioterror und Gesundheitswahn passen gut zusammen. Das wiederum ist eine fast ebenso erschreckende Vorstellung wie die Vision ihrer Zerstörung. Eine Vorstellung, die durchaus schon drohende Schatten vorauswirft mit dem Kult um Natürlichkeit, Biofood und die teuren fair gehandelten Produkte. Auch hier droht eine Maßlosigkeit, die man schon spüren kann bei den verkniffenen Muttis im Bioladen, die ihren Kindern nur Holzspielzeug kaufen und selbst niemals in einen anständigen Burger beißen würden. Geschweige denn, sich mal wieder ordentlich zu betrinken. Doch die Natur des Menschen ist nicht natürlich. Wir sind künstliche Geschöpfe, widersprüchlich, schöpferisch und mindestens ebenso in Geschichten lebend wie in unserem atmenden Leib.

Die Natur ruht in sich. Der Mensch ist unruhig. Die Berührung mit der Natur erlöst uns für einen Augenblick von uns selbst. Dabei erinnert sie uns an eine Perspektive aufs Dasein, die so etwas wie Erfüllung, Entlastung und Seelenruhe verspricht. Wir werden zurechtgerückt und zugleich eingefügt – ist nicht das großzügigste Geschenk der Natur, dass man sich als Teil von ihr fühlen kann, geborgen im Rhythmus ihres Werdens und Vergehens?

Oder einfach nur stumm sein, endlich verdammt nochmal still sein zwischen großen Bäumen, ab und zu ein Vogelruf, Lichtflecken auf dem dunklen Boden, Waldgeruch. Und wenn man sie ansieht, die Natur, also eine Blume, einen Farn, einen Strauch, dann erwidert nichts den Blick, aber es weicht ihm auch nichts aus. Man ist einfach anwesend auf seine eigene blumige, farnige und strauchige Weise. Wie da im Gegenteil der Mensch heutzutage schuften muss, um endlich eine Existenzberechtigung zu kriegen. Die Natur *ist* einfach. Und sie ist *mit* uns. Denn wir sind nicht alleine auf der Welt, wir teilen sie mit den anderen Menschen und den Tieren und den Bergen und Meeren und Quasaren, und das ist nicht immer angenehm, aber tröstlich.

Das Teilen, das Abhängig-Sein und alle Formen genießender Passivität ermöglichen, sich aus dem Kokon der Selbstbezogenheit zu befreien. Dazu gehört auch die Erfahrung einer Unverfügbarkeit: Der Andere ist zugleich ein Fremder, das Ende meines eigenen Lebens liegt, außer ich beende es selbst, nicht in meiner Hand, und auf einen Wald, den ich spazierend betrachte, kann ich keinen Einfluss nehmen. Unter der Herrschaft des Zugänglichen, Lesbaren und Kontrollierten jedoch drohen solche Unzugänglichkeiten langsam zu verschwinden. Sie werden aufgegeben für das Versprechen, vor Negativität, Zufall und Sinnlosigkeit geschützt zu sein. Und doch geht es einem mit dem eigenen Leben manchmal wie einem, der den Tag am Meer verbringt: Man blickt auf die Wellen und weiß nicht, wozu.

3. Kapitel

DAS BEWOHNTE UND DAS UNBEWOHNTE ICH

oder von zeitgenössischen Formen der Selbstverfehlung und den Möglichkeiten, sich seiner selbst wieder zu bemächtigen

Computerfachmann Aram Kenobi hatte keine Freundin mehr, seitdem er von Lea verlassen wurde. Dafür hat er, neben einer stets auf dem allerneuesten Stand gehaltenen Kollektion moderner Kommunikationsmittel, angefangen, Kameras zu sammeln. Die Frage nach den freshesten, besten und teuersten Objektiven, Sensoren und Kameramodellen füllt seine Freizeit, und er verbringt Stunden damit, im Netz nach den günstigsten Angeboten zu suchen. Schon darin zeigt sich, dass Aram zu den Menschen gehört, die zugleich anspruchsvoll und geizig sind. Solche unreflektierten Widersprüche durchziehen sein Leben. Er beschäftigt sich, sofern er nicht mit Kameras oder Datenbanken beschäftigt ist, gerne mit den Fehlern und Unzulänglichkeiten seiner Kollegen und Bekannten, kommt aber selbst nie auf die Idee, über seine Pornosucht, seine Rastlosigkeit und die kaum aushaltbare Tristesse einer allein auf Konsum, Bewegung und Statussymbolen aufgebauten Existenz auch nur nachzudenken.

Wie kommt ein Mensch sich selbst abhanden? Im Zeitalter der Optimierung werden Körper, die den Anforderungen der Gegenwart genügen wollen, zugleich erzeugt, kontrolliert und dargestellt. Und was macht eine solche Zeit mit dem Ich? Es geht entweder verloren, bläht sich auf oder verwandelt sich, analog zum Körper, in etwas, das ebenfalls kontinuierlich erzeugt, kontrolliert und dargestellt wird – ein *Ego*. All das ist nicht nur von der Marktwerdung des Menschen beeinflusst, sondern ebenso von seiner Angst vor der eigenen Sterblichkeit. Vor dem Tod wegzurennen, bedeutet immer auch, vor dem Leben wegzurennen. Und vor sich selbst. So muss man weder wissen, was man tut, noch wer man ist, noch dass man sterben muss. Gleichzeitig wird das Ich als Ego bestimmt, fixiert und bewacht, als sei es, wie schon der Körper, seinem Wesen nach dubios. Was natürlich stimmt.

Ob persönlichkeitsarmer Mangel an Ich oder narzisstisches Zuviel an Ego – beides sind Formen seelischer Unbehaustheit, die mit dem Verlust einer inneren Welt einhergehen. Denn nur eine innere Welt befähigt einen, von sich selbst Abstand zu nehmen, sie ist die Voraussetzung für Selbstkorrektur, Wachstum und Reife. Dazu gehören auch Erfahrung der eigenen Ambivalenz und Unbestimmbarkeit, die allein neue und unvorhersehbare Bezugnahmen auf sich, die anderen und die Welt ermöglichen – mit einem Wort: ein echtes Leben. Nur der totgecoachte Mensch hat keine Widersprüche.

Das kann man von Computermann Aram Kenobi nicht sagen. Doch Arams Widersprüche betreffen weder seelische Spannungen noch konkurrierende Interessen, sondern erinnern eher an jemanden, der aus Versehen einen Eimer mit Farbe umwirft, das ganze Haus volltapst und dann anfängt zu brüllen: »Wer war das?« Irgendwie lustig. Irgendwie doof. Aram Kenobi könnte man als modernen Idioten bezeichnen. Das Wort »Idiot« stammt aus dem Griechischen und bedeutete damals einfach nur »Privatperson«. Es bezog sich auf jemanden, der weder im Rahmen einer Institution noch eines öffentlichen Amtes handelte. Im Lateinischen verschob sich die Wortbedeutung ins Negative, ein »Idiota« war ein Laie, Pfuscher und generell unwissender Mensch. In der heutigen Bedeutung vermischt sich ein Mangel an Bildung, also einem Blick, der sowohl über das eigene Leben wie dessen kurze Dauer hinauszureichen vermag, mit großkotziger Grobheit und der unerklärlichen Überzeugung, man selbst sei einer der interessantesten Menschen auf diesem Planeten. Und deshalb befugt, die eigene kleine Meinung auch noch ins letzte Forum des stets aufnahmebereiten Internets zu schmieren. Weil man ja so viel zu sagen hat. Zu allem.

Denn neben Optimierungsdruck und Todesflucht fällt das moderne Ich auch einer wachsenden Selbstüberzeugtheit zum Opfer. Gott ist nämlich gar nicht tot. Er ist auf die Erde gefallen und in Milliarden kleine Teile zersprungen. Seitdem ist in jedem einzelnen Menschen ein Stückchen Gott zu finden, besonders im Westen. Infolge seines »Sturzes« ist die Selbstsorge, also das Wachen über das Selbst, einer immer gründlicher praktizierten Selbstliebe gewichen. Der Blick zum Altar wird ersetzt durch den Blick in den Spiegel und das große Andere, das Gott war, hat sich in das kleine Ego verwandelt. Bei dieser zunehmenden Selbstvergötzung ist es auch nicht mehr wichtig, was objektiv der Fall ist oder was ein anderer Mensch denkt und empfindet. Vielleicht ist der heutige Idiot zuallererst jemand, der nur von sich spricht und das Zentrum seines kleinen Ichs noch nie freiwillig verlassen hat. Bei Aram reicht es eigentlich nicht mal zum Idioten, vielmehr ist Aram eine neue Art von Idiot, ein Mensch, der weder eine Geschichte hat noch etwas von der Geschichte weiß, es aber liebt, Aktivitäten, die er seit ein paar Wochen und Monaten pflegt, als »traditionell« zu bezeichnen. Er wird jeden Tag aufs Neue geboren. Es bleibt nichts haften, nichts wächst, reift, blüht und vergeht, obwohl er altert wie alle. Für Leute wie Aram ist ihre eigene Vergangenheit etwas, das sie so wenig persönlich zu betreffen scheint wie die anonymen Rollkoffer die Businessreisenden an den Terminals der großen Flughäfen. Sie ist bestenfalls lästiges Anhängsel einer längst schon farblos, flüssig und vor allem flüchtig gewordenen Existenz. Die Zukunft ist konturierter, weil sie durch Kaufideen und Selbstverbesserungsvisionen strukturiert wird. Aber aller Erfahrung nach ist auch sie nichts als die Wiederholung des Immergleichen, also in Arams Fall Pornos, Shoppen und Reisen. Denn um sich oder etwas zu ändern, muss man sich kennen. Und sich selbst immer wieder zur Rede stellen. Jetzt und hier. Aber genau das ist unmöglich geworden in dieser seltsamen Selbstflucht, die weder die eigenen Taten noch den gegenwärtigen Moment zu ergreifen versteht. Das Verdrängen der eigenen Vergangenheit bedingt den Verlust der Gegenwart und zugleich der persönlichen Verantwortlichkeit. Aram Kenobi ist vielleicht präsent, aber nicht wirklich anwesend, seine Worte formulieren eine Meinung, haben aber keine Bedeutung, und sein Leben hat Style, aber keine Substanz. Menschen wie Aram stehen vor ihrem Dasein wie das Katherlieschen vor der eigenen Tür: ziemlich blöd.

Das Märchen vom *Frieder und dem Katherlieschen* stammt ebenfalls aus der Sammlung der Brüder Grimm. Der Frieder ist ein Bauer und das Katherlieschen seine junge Ehefrau. Während er auf dem Feld arbeitet, soll sie zu Hause was Gutes zu Mittag kochen. Sie brät eine Wurst in der Pfanne und geht in den Keller, um Bier zu zapfen. Dabei fällt ihr ein, dass der Hund bestimmt an die Wurst geht. Also rennt sie in die Küche, aber der Hund hat die Wurst schon im Maul. Während das Katherlieschen ihm nachsetzt, läuft im Keller das Bier über. Als sie wiederkommt – ohne Wurst –, ist das Fass leer und der ganze Keller geflutet, woraufhin ihr Blick auf einen Sack feines Mehl fällt, den sie in die Nässe schüttet. Als der Frieder nach Hause kommt und nichts zu essen da ist und nichts zu trinken, schilt er seine Frau wegen ihrer Torheit, das schöne Mehl, die schöne Wurst, das schöne Bier, worauf das Katherlieschen nur zu entgegnen weiß: »Ja, Friederchen, das habe ich nicht gewusst, hättest mir's sagen müssen!« Doch alle Vorsichtsmaßnahmen, die der Frieder daraufhin wegen des ersparten Goldes trifft, bringen nichts. Das Katherlieschen lässt sich ausrauben und nur mit viel Glück gelingt es den Eheleuten, das verlorene Gold zurückzuholen. Schließlich soll das unbrauchbare Katherlieschen auf dem Feld arbeiten gehen, doch vor lauter Verwirrung zerschneidet es mit der Schere die eigenen Kleider, statt die Früchte zu ernten. Dann schläft es ein. Als es aufwacht, halbnackt und orientierungslos, fragt es sich: »Bin ich's, oder bin ich's nicht? Ach, ich bin's nicht!« Dann läuft es nach Hause und klopft an sein eigenes Fenster, um den Frieder zu fragen, ob das Katherlieschen wohl schon zu Hause sei. Der antwortet, ja, es sei wohl zu Hause und schliefe schon, woraufhin das echte Katherlieschen, endgültig von seiner Nichtexistenz überzeugt, ohne viel Aufhebens fortläuft. Das Märchen ist heiter, weil Geschichten von Narren meist etwas Heiteres haben, und sei es nur das von ihnen ausgelöste beruhigende Gefühl, kein solcher zu sein. Aber es ist auch unheimlich, weil es die in allen Menschen steckende Angst beschreibt, sich selbst fremd zu werden. Unbehaustes Ich, dunkelster aller Kontinente. Die Formen der Nichtlebendigkeit, denn darum handelt es sich, wenn man Lebendigkeit als Fähigkeit versteht, immer wieder neu auf die Tatsache des eigenen Hierseins zu antworten und in dieser Antwort Sinn, Kontinuität und etwas wie *Haftbarkeit* bezüglich der eigenen Worte und Taten zu produzieren, die Formen der Nichtlebendigkeit also sind so zahlreich wie die Menschen, die ihnen zum Opfer fallen.

Doch wer sich nicht bewohnt, wird bewohnt, und irgendwas ist immer. Was nicht alles rumliegt, in der eigenen Seele und in der Welt. All die Worte und Gedanken und Taten, die nur darauf warten, dass jemand sie denkt und ausspricht und ausführt. All die Gewalt und der Wahnsinn und die Gier, die einen verführen, anzunehmen, man hätte Besseres verdient, man sei etwas Einmaliges, Besonderes. Und könne sich deshalb nehmen, was man wolle, ohne darauf zu achten, von wem und zu welchem Preis. Als ob man immer die bessere Wahl trifft, wenn man sich einfach mal alles durchgehen lässt. Mitnichten. Überwachen muss man sich nicht, aber Selbstbeobachtung und Selbstbeherrschung sind unerlässlich. Sonst kann es sein, dass man plötzlich wieder alleine vor dem Internet hängt, ohne zu wissen, wie man da hingekommen ist. Oder einen Menschen verletzt, nur weil man die einfachsten Worte gewählt hat anstelle der richtigen. Oder alt wird und irgendwann das Gefühl hat, gar nicht richtig gelebt zu haben.

Nicht zu wissen, wer man ist, was man tut oder wo man sich befindet, ist zugleich der beste Verbündete der herrschenden Verhältnisse. Man macht einfach, was alle machen, und führt gedankenlos fort, was man begonnen hat. Doch gerade jetzt drohen die Verhältnisse durch Ausbeutung, Profitsucht und Leistungsdenken zu zerstören, wofür es sich zu leben lohnt. Auch deshalb ist klar, dass es nicht auf Dauer so weitergeht und wir vielleicht schuldig werden oder in eine Katastrophe schlittern. Dieser Verdacht erzeugt wohl auch die Angst, welche die Menschen hier im Westen langsam vor sich selbst zu haben scheinen. Der Soziologe Ulrich Beck hat in seinem Buch *Krisen. Das Alarmdilemma* gar von einem endlosen Prozess gesprochen, den die Menschheit mittlerweile gegen sich selbst zu führen scheint. Er schreibt: »Es ist alles eins. Die Welt geht aus den Fugen, angeklagt ist der Mensch, schuldig wurde er durch Kapitalismus, Steigerungsdenken, westlichen Lebensstil, Gier, Gottlosigkeit und Werteverlust.« Dieser Prozess, dessen Kläger und zugleich Beklagte wir selbst sind, lebt von Verunsicherung, Angst und begründetem Zweifel. Er geht mit einem ähnlichen Unbehagen einher, wie es eine Dorfbevölkerung empfinden muss, wenn wieder ein Fritzl in ihrer Mitte auftaucht – Josef Fritzl wurde 2008 in Österreich der jahrzehntelangen Vergewaltigung seiner Tochter, mit der er insgesamt sieben Kinder zeugte, überführt – oder wie wir alle es verspüren, wenn wieder irgendwo in der Wohlstandsgesellschaft ein Baby misshandelt wird und keiner hat's gesehen oder einer totgeprügelt wird, ohne dass jemand eingreift. Hui, sagen die Leute dann, wer hätte so etwas nur gedacht. Doch wer den Kopf in den Sand steckt und nicht mal weiß, wie seine Nachbarin heißt, der sollte sich nicht wundern. Weder über sein eigenes Unbehagen noch über eine Welt, die mehr und mehr einem Tollhaus zu gleichen scheint, das von verantwortungslosen Idioten bewohnt wird. Und eins ist klar – der Depp ist immer der andere.

Doch wie sieht es aus mit dem eigenen Leben? Schlimm genug, das Leben der anderen als eine Art ungefragt aufgeführte Zirkusvorstellung zu empfinden, schlimmer ist es jedoch, im eigenen Leben zwar körperlich präsent, aber geistig nicht anwesend zu sein. Der moderne Idiot lebt an der Gegenwart vorbei, der moderne Statist lebt im großen unbestimmten »Man«.

Christian Krüger ist ein Tapetenmensch, dessen größte Fähigkeit darin besteht, nicht aufzufallen, nicht anzuecken und keinesfalls aus der Reihe zu tanzen. Er weiß in jeder Sekunde genau, was man so macht, und dass ihm dieses Wissen auch eine gewisse, niemals ganz eingestandene Lust bereitet, gehört zu seinen interessanteren Charakterzügen. Christian ist einer, durch den der Zeitgeist ohne Widerstand hindurchweht und ihn formt nach seinem Bilde. Vielleicht ist Zeitgeist auch das falsche Wort, denn Christian ist nicht hip, er ist auch nicht dürr, sondern schlank, mit einem kleinen Bäuchlein vom Feierabendbier, er liebt dieses Wort und benutzt es häufig, wie auch das Wort »Mahlzeit« beim Essen mit Kollegen, zugleich ein bisschen ironisch und todernst. Christian hat Grafikdesign studiert und nach dem Studium mit Freunden zusammen eine Firma gegründet. Das Geschäft läuft gut, wenn auch nicht besonders, es reicht halt zum Leben und für eine Fernreise im Jahr. Seit zwei Jahren ist Christian schon Single, was ihn insgeheim frustriert. Dennoch hat er die Hoffnung nicht aufgegeben, eine zu finden, die ein bisschen zu hübsch ist für ihn. Und so plätschern die Tage dahin und ab und zu ruft Christians Mutter an. Das Verhältnis zu den Eltern ist gut, weil alle Beteiligten wissen, welche Rollen sie zu spielen haben und was es zu sagen gibt, nämlich rein gar nichts. Auf einer Party wäre Christian der Gast, an den man sich nicht erinnert, nur manchmal packt ihn nach dem x-ten Bier so eine dumpfe Wut, die er weder artikulieren noch rauslassen kann, und er presst unbewusst seine Kiefer zusammen, ganz fest.

Natürlich hat auch Christian Krüger die übliche Pornosammlung, den Flachbildschirm, den Account bei dem neuesten Online-Ego-Shooter, es langweilt ja schon beim Aufzählen. Und dennoch muss man den IT-Mann Aram Kenobi und den Grafiker Christian Krüger in Schutz nehmen. Ihre Geschichten mögen vielleicht allgemein sein, ihre jeweiligen Existenzen aber sind ganz und gar einmalige und nie wieder stattfindende Uraufführungen. Und das macht das Ganze wiederum ziemlich traurig für alle Beteiligten. Das Blöde liegt nahe beim Tragischen, das zeigt sich auch, wenn wieder einmal Zivilisten getötet werden, nur weil der Pilot Verdauungsstörungen hat oder jemand das Ziel eines

Angriffs falsch buchstabiert. Es zeigt sich auch in dem wachsenden Alarmismus, über den der Soziologe Ulrich Beck schreibt, dieser stillen Panik, die dem Gefühl gleichen mag, das man in einem Auto empfindet, das ganz langsam, aber unausweichlich gegen eine Wand fährt. Doch was gibt es Dümmeres, als aus einem langsam gegen eine Wand fahrenden Auto nicht auszusteigen? Etwas zu tun, zu handeln, sich einzumischen? Warum schauen alle einfach zu?

Das gilt nicht nur für die lebensfeindlichen Verhältnisse der Gegenwart, die wir Menschen im Westen auch noch oft genug für Freiheit halten, sondern vor allem für das eigene Leben, das einfach vergeht und verrinnt, ob man es sich zu eigen macht oder einfach so geschehen lässt.

Es gibt viele Menschen wie Aram Kenobi, der durch die Welt rast und shoppt und masturbiert. Ihre Existenz hat auch etwas damit zu tun, dass immer mehr und immer schneller produziert wird, darunter auch all das Zeug, das Aram braucht, um das schwarze Loch in seiner Seele zu stopfen. Dieses Zeug *makes the world go round*, Baby. Aber brauchen tut er es eigentlich nicht. Brauchen tun wir alle es eigentlich nicht. Und da man das sogar beim Shoppen mit unerschütterlicher Gewissheit weiß, muss dieses Wissen so schnell wie möglich verdrängt werden. So kommt es einerseits zu noch mehr Konsum und andererseits zu dieser seltsamen Vergesslichkeit, der Geschichtslosigkeit und der Unfähigkeit, sich an sich, seine Worte und seine Taten zu erinnern. Geschweige denn, dafür die Verantwortung zu übernehmen. Daher kommt auch die grassierende Blödigkeit, die entsteht, wenn man weder einen Blick nach vorne noch zurück wirft, von einem augenblickswachen Rundumblick ganz zu schweigen, sondern in diesem bild- und zeugfixierten Echtzeitvakuum verharrt, das die Medien tagein, tagaus als Realität verkaufen.

Denn wenn man aufhört mit der Verdrängung und dem Konsum und der Suche nach dem einen Ding, welches das Bild, das man gerne abgeben möchte, endlich komplett macht, dann kommen die Sachen, die man weggeschoben hat, zu einem zurück und wollen gesehen werden. Dann muss man sich plötzlich fragen, ob man seine Arbeit mag und seine Beziehung und seine Freundschaften. Da ist die Zeit auf einmal wieder endlich und das Leben so unberechenbar wie unwiederbringlich. All das ist zunächst beängstigend. Gehört doch zum schönsten Versprechen unserer verlogenen Gegenwart, dass alles immer so weitergeht, wenn man selbst nur immer brav weitermacht.

Aber so einfach ist es nicht, weil selbst der global operierende Aram Kenobi mit seiner Lust an Status und Kommunikation nicht so billig davonkommt. Da kann nicht einfach nur konsumiert, da muss auch gearbeitet werden. Da müssen Frühstück und Fahrräder und coole kleine Straßenecken fotografiert, mit Instagram aufgepeppt und auf Flickr und Facebook geshared werden. Da muss verkündet werden, wo der Flieger landet, wie der Kongress war und ob das Essen geschmeckt hat (Foto nicht vergessen), da muss ab und zu ein neues Profilbild her. Und das alles, mein lieber Schwan, ist mindestens so anstrengend wie auszusehen wie die Social-Media-Beraterin Anna Abramovic, das Hungermädchen, die natürlich ebenfalls ihre ganzen heißen Styles dokumentieren und online stellen muss, weil die ganze Arbeit am eigenen Bild doch nicht umsonst gewesen sein soll.

Und darf. Denn eines ist klar: Der erfolgreiche Mensch hört niemals auf, sich zu verbessern und das auch zu zeigen. Luft nach oben ist immer und ruhen kannst du, wenn du tot bist.

Das laugt aus. Das erschöpft. Das macht fertig. Da bleibt nicht mehr viel übrig für Bildung, für Nächstenliebe oder gar für inneres Wachstum, sondern da wird von der Substanz gelebt, tagein, tagaus. Irgendwann ist der Ofen aus, Burnout heißt das oder Depression. Eine Depression ist eine Stoffwechselerkrankung des Gehirns, sagt man, und es ist sicher noch niemand ausgebrannt, nur weil er täglich 25 Fotos online gestellt hat. Doch es ist anstrengend geworden, man selbst zu sein. Dazu kommt dieser allgegenwärtige Druck, den vor allem die Jungen spüren in einer Zeit, in der die nächste Generation schon im Kindergarten mit Musikerziehung, Tennis und Chinesischkurs fit gemacht werden soll für das Gleiten auf den Wogen des globalisierten Marktes.

Delia Doldinger ist eine hübsche junge Frau Anfang 20, die im ersten Semester Psychologie studiert. Die braunen Haare trägt sie schulterlang und ein Tattoo käme niemals in Frage. Ihr Vater ist erfolgreicher Manager und ihre Mutter daheim bei den drei Kindern geblieben. Das hat alles schon recht gutbürgerlichen Glanz, aber Delia ist zutiefst verunsichert. Nicht nur das übliche Bangen, den Erwartungen der Eltern gerecht zu werden, sondern darüber hinaus eine fast existentiell zu nennende Verzweiflung bezüglich ihrer Fähigkeit, einen Platz in der Welt zu finden. Das überrascht und lässt tief blicken auf die Anspannung, die unter den hübschen Bildern, die auch sie fast im Stundentakt online stellt, heimlich vor sich hinbrodelt. Um es noch einmal zu sagen: Delia ist attraktiv, schlau und gutgestellt, sie lebt in einem der reichsten Länder der Erde und hat ungeheure Zukunftsangst. Was sie, reflektiert, wie sie ist, sowohl auf das Leben als auch auf ihre Generation bezieht. Ob man wirklich einen Job findet? Ob die anderen nicht viel besser sind? Ob es noch klappt mit der Liebe, mit der eigenen Familie, mit dem Etablieren? Durchaus wichtige Fragen. Aber was ist mit Wagemut, Abenteuer, Leidenschaft? Oder gar Revolution? Sind das die Bausparkids, vor denen unsere Eltern uns immer gewarnt haben? Sollen die später mal unsere Renten bezahlen?

Wenn sich Delia weiter so knechtet, wird das sicher was mit der ersten Depression vor 30. Dann kann sie sich so richtig ins Bettchen kuscheln und über ihren Papi nachdenken. Aber man sollte keine Witze über Depressionen machen. Oder vielleicht doch? Vielleicht ist das ja genau der Moment, von dem an es wieder besser wird, weil man eine Depression auch beschreiben könnte als Einbruch all dessen, was bis dahin verdrängt wurde. Todernste Sache, ehrlich. Ein kleines Selbst meldet sich zu Wort, eines, das nicht gefragt wurde, so wie der Tapetenmensch Christian Krüger sich wohl noch nie gefragt hat, wer er ist und was er will. Und irgendwann macht es einfach BAMM und »nichts geht mehr«, wie es die depressionserfahrene Journalistin Elsa Andersen ausdrückt. Man wird vom vielhändig vernetzten Menschen zur unbrauchbaren Kartoffel. Man lastet. Man liegt. Man ist aus der Mitte des Lebens gefallen und weiß nicht, wie zurückrollen, so als Rumpf. Dazu kommen Gefühle von Scham, Schuld und tiefer Verzweiflung. Das

Schlimmste jedoch ist die Vorstellung, dass es von jetzt an immer so weitergeht.

Der Unterschied zwischen dem Statisten und dem Depressiven ist, dass Letzterer *weiß*, dass das Leben gerade an ihm vorbeizieht. Deshalb kann eine Depression, richtig verstanden, eine äußerst wertvolle Erfahrung sein. Wenn sie irgendwann wieder vorbeigeht. Auch im Wort selbst steckt ein Hinweis darauf, was es eigentlich ist: Aus etwas, das vorher in irgendeiner Weise aufgebläht war, wird jetzt die Luft rausgelassen. Übrig bleibt ein nackter kleiner Mensch mit seinen Wunden und Gefühlen und Träumen. Wie wir alle halt.

Depression kann jeden treffen. Den, der sich nicht kennt, oder den, der glaubt, alles über sich zu wissen. Während auf der einen Seite einer imaginär zu ziehenden Linie Statisten wie der Grafiker Christian Krüger ihr Dasein fristen, lodern auf der anderen Seite solche wie Fritzi von Gehlen wie die großen Städte in dunkler Nacht. Bühnenbildnerin Fritzi schmollt. Das ist das Allererste, was man von ihr mitbekommt, es ist in ihren Gesten und in ihren Worten und in der raschen Weise ihrer Aufbrüche. Das Leben hat Fritzi nicht gegeben, was ihr zusteht, und Fritzi erträgt es, tapfer, aber dennoch mit einem leisen Vorwurf, der alle ihre Äußerungen begleitet wie ein leichter Gestank. Sie ist schon etwas älter, Mitte, Ende 50, erstaunlich jugendlich, gut gekleidet, informiert, kultiviert und interessiert. Während der Grafiker Christian Krüger sich noch keinen Schritt von seinem Elternhaus entfernt hat, hat Fritzi von Gehlen alle Brücken hinter sich abgebrannt – die Eltern waren die Ersten, die ihr nicht gegeben haben, was ihr als Tochter zugestanden hätte. Fritzi erzählt ihre Geschichte als lange Kette von Selbstverwirklichungen, alles Scheitern war Mutprobe, alle Wechselfälle Gelegenheit zum Wachstum und alles hat sich gelohnt für die starke und unabhängige Frau, die sie geworden ist. Jeden einzelnen Aspekt ihrer eigenen Biographie hat sie im Übermaß bereist und vereinnahmt und gleicht dadurch einem Menschen, der auf jedes Körperteil seinen Namen geschrieben hat. Doppelt hält besser.

Während bei jemandem wie Aram Kenobi oder Christian Krüger also quasi niemand zu Hause ist, gibt es bei Fritzi von Gehlen keinen Platz, auf den der Besuch sich setzen könnte. Ein Zustand, für den die Amerikaner die kühle Wendung benutzen: »She is so full of herself.« Diese ebenfalls weitverbreitete Form der Selbstverfehlung ist ein Zuviel an Ich oder besser gesagt: ein Zuviel an Ego. Und während es Idioten und Statisten zu allen Zeiten gegeben hat, ist der immer stärker um sich greifende Narzissmus das sinnvollste Selbstverhältnis des optimierten Menschen – tritt dieser doch ständig aus sich heraus und sieht, wo er steht und was er an sich beziehungsweise seinem Bild noch verbessern kann.

Wir sind uns wirklich zu nahe getreten. Wir wissen auch immer mehr über uns selbst, doch dieses Wissen führt nicht zu Selbsterkenntnis, sondern nur zu neuen Formen der Entfremdung. In der Welt der alten Griechen fand der Mensch seinen Platz im Kosmos durch die Kontemplation der Naturgesetze, im Mittelalter hatte der Mensch seinen Platz durch Geburt und Stand und Gottes Gnade, doch in der Neuzeit muss er sich selbst finden und setzen unter einem Himmel, der leer ist und ziemlich schmutzig, über den großen Städten zumindest. Der Sinn des Daseins ist mittlerweile ganz und gar in den Einzelnen hineingewandert, der zum Herrn, zum Gott seines eigenen Schicksals wird, eine Last, die erdrückend ist und berauschend zugleich. Gott ist tot – ICH lebe. Aber so einfach ist es nicht. Es geht nicht nur um Rechte, sondern auch um Pflichten. Der wahre Slogan unserer Tage ist nicht »Just do it«, er lautet: »Du bist an allem schuld.« Diese Schuld wiederum betrifft, wie könnte es anders sein, nur einen selbst und das eigene Leben, für dessen Gelingen oder, schrecklichste aller Vorstellungen, mögliches Scheitern man die volle und alleinige Verantwortung aufgebrummt bekommt. Dieser exzessive Selbstbezug verschleiert nicht nur strukturelle Ungerechtigkeiten einer Weltordnung, die soziale und kulturelle Umstände produziert, die man als lust- und liebes- und lebensfeindlich bezeichnen könnte, und gemeinsame Probleme des Alterns, der Ausbeutung und der Endlichkeit. Er verschleiert auch die simple Tatsache, dass Lebendigkeit ohne Schmerz oder, wie Nietzsche es nennt, ohne »existentielles Unbehagen« einfach nicht zu haben ist. Nein, wir sollen uns gut fühlen. Und wenn uns das nicht gelingt, ist es unsere eigene Schuld. Genau an dieser Stelle setzt ein, was die Soziologin Eva Illouz als »Psychologisierung« bezeichnet, also eine Kultur der therapeutischen Selbsterforschung, -befragung und -optimierung. In ihrem Buch *Die Errettung der modernen Seele* beschreibt sie den Siegeszug des freudianisch-psychoanalytischen Denkens und dessen Verknüpfung mit den amerikanischen Traditionen der Selbsthilfe. Das Ich wird vom Meer, auf das man blickt, zum Haus, dessen Bauplan entschlüsselt und dessen Zimmer auf Vordermann gebracht werden müssen. Zum einen findet durch das therapeutische Sprechen eine Art Entlastung statt. Die erdrückende Verantwortung fürs eigene Schicksal wird postwendend zurückgeschickt zum Vater, der nicht genug oder zur Mutter, die zu viel geliebt hat. Diese Selbstentlastungen werden immer notwendiger, je größer der Konsens darüber ist, was es heißt, das Richtige zu tun oder ein gelingendes Leben zu leben. Es ist auch einfach nicht auszuhalten, dass man alles weiß und trotzdem nichts hinkriegt. Da hat vielleicht die Mutter nur an sich gedacht in der Kleinkinderphase und man ist nicht so geborgen gewesen wie die anderen, glücklicheren Kinder, die jetzt selbst Familien haben, gute Jobs und Biofood. Oder die Mutter hat einen einfach nicht losgelassen, hat fast einen Missbrauch getrieben mit ihrer Liebe, und es ist kein Wunder, dass man es nicht schafft, eine eigene kleine Familie zu gründen. Ein psychologischer Blick ist immer Erkenntnis und Ausrede zugleich. Vor allem aber erlaubt er dem spätmodernen Menschen, sich endlos mit dem interessantesten Ereignis seit dem Urknall zu beschäftigen: sich selbst. Oh heiliger Mangel, oh Baustelle Ich! Ob es jemals eine Generation gab, die so gut darin war, über die eigenen Fehler zu sprechen? Die sich so genau kannte und trotz allem tapfer liebte, mit leiser Ironie? Ob es jemals schon so schrecklich langweilig war?

Der Terror der Sichtbarkeit kehrt wieder als Terror des Bildes, das man sich von sich macht, ein Vorgang, den Eva Illouz als Essenzialisierung des Ichs bezeichnet. Dahinter steht der Glaube, man könne sich selbst bergen wie einen Edelstein, als gäbe es einen festen, harten Seelenkern, zusammengesetzt aus frühkindlicher Sexualität und dem üblichen Mangel an Liebe. Das Ich wird dabei gezwungen, Auskunft zu geben, vielmehr: Auskunft und biographische Kausalketten zu produzieren, jawoll, Herr Wachtmeister, ich wurde als Kind vernachlässigt, deshalb habe ich jetzt Bindungsangst, aber ich habe schon ganz viel an mir gearbeitet und versuche gerade Online-Dating (tapferes Lächeln). So ist jeder ein psychologisch geschulter Lebenslaufarchitekt, darauf getrimmt, Stimmigkeit und Eindeutigkeit zu erzeugen. So bin ich, sagt der erfolgreiche Mensch, da komme ich her, da will ich hin und so sehe ich aus.

Einer wie Georgi Rebus. Georgi ist ein breitschultriger Mann Anfang 30. Seine Eltern kommen aus Armenien, er hat Kunstgeschichte studiert und trug gerne dunkle Rollkragenpullover zu eng anliegenden Jacketts. Wenn er über sein Studium spricht, dann wie über eine Art adoleszente Verfehlung, für die man zugleich Verachtung und Verständnis aufzubringen hat. Beides ist im Übermaß vorhanden. Georgi hat an sich gearbeitet, hat den Makel seines brotlosen und überflüssigen Studiums verinnerlicht und überwunden in den unzähligen Seminaren, die er seitdem besucht hat. Sie haben ihm geholfen, mittlerweile ganz andere, klare Ziele zu formulieren. »Ich möchte ein Unternehmen gründen, das etwas Sinnvolles herstellt, vielleicht auch im Dienstleistungssektor, ich möchte etwas zurückgeben«, seine grünen Augen leuchten bei der Vorstellung, »ich möchte auch unbedingt eine Familie haben und viel Geld verdienen.« Er analysiert die Fremdheitserfahrung seiner Eltern, die als Gastarbeiter nach Deutschland kamen, was eine Art

Überassimilation zur Folge hatte, gegen die er, als jüngstes von drei Kindern, auf seine eigene stille Weise rebelliert habe mit seinem nutzlosen Studium. Und wie er gelernt habe, sich auch von dieser Befreiung zu befreien und endlich herauszufinden, was er wirklich wollte: Geld und Macht und Einfluss. Schon lange zieht er sich an wie der Businessmann, der er sich aufgemacht hat zu werden. Das BWL-Seminar an der Abendschule steht vor der Vollendung und die junge Freundin, die er sich vor einem Jahr zugelegt hat, unterstützt ihn rückhaltlos, obwohl er sich, was er natürlich für sich behält, immer noch nicht sicher ist, ob sie gut genug ist, um die Mutter seiner Kinder zu werden. Aber diese Frage hat noch Zeit, jetzt geht es darum, Karriere zu machen.

Wo »Es« war, soll »Ich« werden, sagte der Psychoanalytiker Sigmund Freud, heute könnte man sagen: Wo Ambivalenzen sind, muss Klarheit herrschen, Transparenz und Eindeutigkeit. Analog zum Körper verwandelt sich auch das Ich in ein Abbild seiner selbst – zugänglich, klar umrissen und kontrollierbar zugleich. Gefühle, diese schmutzigen Biester, werden auf Linie gebracht, um sie, und darum kreisen Eva Illouz' Untersuchungen, besser beschreiben, verwalten und verwerten zu können. In diesem Prozess rationalisiert das Individuum seine Biographie, seine Wünsche und sein Begehren. Es macht sich *lesbar* und dadurch sichtbar, als Bild, das online gestellt wird, als Erzählung, die in sich stimmig wirken soll, und als Marken gewordene Identität, die über die generelle Unordnung im Kopf eines jeden Menschen gestülpt wird wie eine große Glasglocke über eine Auswahl zerrinnender Rohmilchkäse.

Doch seltsamerweise erzeugt diese fiktive Stimmigkeit der psychologischen Selbsterzählung, die einer wie der Neu-BWLer Georgi Rebus bis zum Erbrechen perfektioniert hat, nicht notwendigerweise Klarheit, sondern eher eine diffuse Vagheit. Gerade so, als würde man sich umso weniger kennen, je mehr man über sich weiß. Oder als wüsste man, wer man ist, aber nicht mehr, wo man steht. Was bleibt denn, nachdem man sich, seine Geschichte, sein Begehren und seine Perversionen vollständig entschlüsselt und demontiert hat, außer einem gequälten *Hachja*?

Zudem hat der moderne Mensch einen geradezu monströsen Geschmack, einen unendlich ausformulierten und facettenreichen, der aus einem Übermaß an Wahlmöglichkeiten resultiert und Bereiche des Ichs mit einem Netz aus gut/schlecht überzieht, die vorher im gnädigen Dunkel lagen. Gnädiges Dunkel auch, und das kann nicht genug betont werden, weil das alles unglaublich viel Zeit und Energie kostet. Zeit und Energie, die dann anderswo fehlen.

Hanna Lämmle ist eine Friseurin Ende 20 mit einem großen Talent für das Anmischen natürlich wirkender Farben. Sie hat einen kleinen Mund, den sie immer hellrot anmalt, und weit auseinanderstehende blaue Augen. Vom Leben hat sie sehr genaue Vorstellungen, das reicht bis in die kleinste Kaufentscheidung hinein. Das Rot ihrer Lippen ist von einer bestimmten Marke, ebenso die Tasche, das Geschirr in ihrer Küche stammt von einem finnischen Designer, die drei dunkelblauen Hosen, die sie abwechselnd zur Arbeit trägt, aus Schweden, der Schal ist vintage, noch von der Oma. Sie isst weder Fleisch noch Weizenmehl, was die Ernährung ziemlich einschränkt, ihr aber auch das Gefühl gibt, etwas ganz Besonderes zu sein und gut für sich selbst zu sorgen. Hanna weiß ganz genau, was ihr schmeckt und was ihr steht. Das verbindet sie mit einem Sinn für Mode und Trends, der täglich gefüttert wird von dem unablässig produzierten Bildmaterial der besonders im Friseursalon allgegenwärtigen Magazine. Sie war lange nicht mehr in einer Beziehung, was vielleicht nicht ganz richtig ist, denn eigentlich hat sie schon eine tiefe und dauerhafte Liebschaft: mit sich selbst.

Das ist die Crux am Gottesdienst am eigenen Bild: Er bindet Energien, die eigentlich zum Leben und Empfinden und Kommunizieren gebraucht werden, und er verwandelt das Ich in ein Ego, das kontinuierlich betrachtet und zugleich erzeugt wird. Dadurch verschleiert er nicht nur die tiefere Weisheit des Selbst, sondern bildet immer kantigere Krusten über den lebendigen Ambivalenzen einer jeden Seele. Nichts macht härter als der dauernde Blick in den Spiegel. Oder in die eigene Biographie. Und nichts gaukelt so sehr Selbstnähe vor und ist doch nichts als immer weiter fortschreitende Entfremdung. Narziss, der Jüngling aus der griechischen Sage, verliebte sich nicht in sich selbst, sondern in sein Abbild in einem Teich. So ist auch die Substanz allen Narzissmus flüchtig, ihrem Wesen nach Trugbild und geistloser Widerhall.

Solche objektbesessenen Leben wie das der Friseurin Hanna Lämmle begehen zudem einen klassischen Kategorienfehler, der darin besteht, zu glauben, man könne etwas Inneres, also Persönlichkeit oder Charakter, durch etwas Äußeres, also Dinge oder Geschmacksentscheidungen, ersetzen. Genau das suggeriert die Werbung, die längst nicht mehr Produkte, sondern Lifestyles und Stimmungen verkauft. Jeder Neuwagen ist nichts weniger als eine komplett eingerichtete Welt. Die Dinge müssen sagen, was man selbst nicht mehr sagen kann, weil auch die Sprache dubios geworden ist im Zuge ihrer totalen Kommerzialisierung. Dafür sind die Dinge laut geworden und haben das Sprechen übernommen und das Zeigen: das Auto, das für mich männlich ist, das Kleid, das für mich Geschmack hat, und die Tasche, die für mich stylisch ist. Das führt ebenfalls dazu, das Leben auf seine Darstellbarkeit zu reduzieren, auf das, was andere ohne Schwierigkeiten erkennen können wie Marken, Designs und Modestile. Aber wie der Fotodienst Hipstamatic keine Provinzexistenz in einen Hollywoodfilm verwandeln kann, können geschmackvolle Objekte keinen geschmackvollen Menschen ersetzen, Mut lässt sich nicht kaufen, Haltung lässt sich nicht herstellen und etwas, das perfekt aussieht, muss sich noch lange nicht so anfühlen.

Je größer der Abstand zwischen Bild und Inhalt, desto größer das Unbehagen. Wir leben in einer Gesellschaft, deren heimlicher Leitspruch immer mehr zu lauten scheint: Schau! Mich! An! Wir kucken ja schon. Was Informatiker Aram so gegessen hat. Wie der neue Nagellack von Friseurin Hanna aussieht. Wo Neu-BWLer Georgi sein Seminar gehabt hat. Wir schauen und liken und kommentieren, und dafür geht dann der Rest unserer Zeit drauf, die sowieso immer knapper wird vor lauter Arbeit an sich selbst. Doch vor allem verdammt eine Existenz, die sich mehr und mehr an ihrer eigenen Darstellbarkeit ausrichtet, ihren Betreiber zu etwas, das man als verlängerte Adoleszenz bezeichnen könnte. Denn Bilder sind wertlos ohne einen, der zu erkennen gibt, dass er sie wahrnimmt. Die ausgefeilteste Selbsterzählung ist unbrauchbar ohne einen, der sie sich anhört. Die schönste Tasche, der fescheste Schnürschuh, die Limited Edition Retro Sneakers sind einen feuchten Pfifferling wert ohne einen, dem auffällt, was für ’ne abgefahren coole Sau da gerade vor ihm steht. Nietzsche hat vor mehr als hundert Jahren darauf verwiesen, dass die Idee eines allmächtigen Gottes eine Art Behelf der Menschentiere ist, die oftmals ein Bedürfnis nach Führung und einer höheren Kontrollinstanz besitzen. Diese Sehnsucht nach einem bewundernden Blick von »irgendwo« ist immer noch ungebrochen. Gerade erfüllt das die imaginäre Kamera. Vielleicht ist das auch ihre wahre Daseinsberechtigung, leben wir doch in einer Zeit, in der viele sich so verhalten, als würden sie ständig beobachtet. Und seien dieser Beobachtung auch wert. Dass wir mittlerweile tatsächlich rund um die Uhr überwacht werden, verstärkt diese Tendenzen nur. Nichtsdestotrotz: Likes sind besser als Klicks, und Menschenaufmerksamkeit gehört zu den wertvollsten Wirtschaftsgütern des 21. Jahrhunderts. Und zugleich zu dem, was jeder einzelne kleine Narzisst immer lauter einzufordern versteht. In der Entwicklung jedes Einzelnen gibt es auch eine Phase, wo ihm oder ihr, zumindest theoretisch, Lob und Anerkennung für alles, was so gedacht, gesagt und getan wurde, zuteilgeworden ist. Die Kindheit, so wie sie sein sollte und so wie sie war, bevor sich die Kleinen schon im Kindergarten in die Leistungselite von übermorgen verwandeln mussten. In einer ordentlichen Kindheit wird der erste selbständige Toilettenbesuch gelobt, ein krummes Bild verherrlicht und ein schief gesungenes Lied voller

Liebe beklatscht. Das ist gut und schön und richtig und sollte eine Erfahrung sein, die jedes neue Kind auf Erden machen darf, nur: Irgendwann muss Schluss sein. Bei gewissen Bewohnern der späten Moderne hat dieser Übergang vom aufmerksamkeitsbedürftigen Kind zum selbstbewussten Erwachsenen allerdings nicht stattgefunden. Die Straßen der großen Städte sind voll von lebenden Bildern, die auf Blicke lauern und Blicke fordern, wie sich die Pinnwände der sozialen Netzwerke mit Fotos bevölkern, die geliked werden wollen oder kommentiert. Doch diese Art der Selbstdarstellung ist zugleich ein ewiges Warten auf eine Art von Reaktion, und genau in dieser erbärmlichen Passivität liegt das adoleszente Moment. Man macht sich freiwillig abhängig von dem Urteil der anderen. Man wartet gierig auf das Feedback der Peergroup oder einer imaginären Netzöffentlichkeit. Und so erhält man seinen Wert, den man so lautstark und kräftig propagiert hat, nur durch andere. Er wird dadurch relativ. Irgendwie gleicht man einem Nutztier, das sich freiwillig auf den Marktplatz stellt und brav ausharrt, bis jemand kommt und das Gebiss lobt, den Hintern tätschelt und wohlmeinende Worte über den Zustand des Fells verliert. Aber halt – man ist ja nicht alleine. Es wimmelt von anderen Tieren, eines lauter, bunter und einzigartiger als das andere. Da muss man echt was Cooles bringen. Jeden Tag aufs Neue. Denn neben aller unreflektierten Abhängigkeit sind knallharte und messerscharfe Konkurrenz das Ergebnis aller Sichtbarkeit. Dies geht zulasten von Empathie, Eleganz und unserem öffentlichen Raum, der von einem Ort, an dem man sich *für die* anderen zurechtmachte, zu einem Ort wurde, an dem man möglichst viel Bewunderung *von den* anderen einzusammeln versucht. Denn jedes Bild will das schönste, beste, neiderregendste sein. Jedes Foto das originellste, jeder Status wird selbst zum Statussymbol eines vorzeigbaren und beneidenswerten Lifestyles. Für den, der's glaubt.

Der Terror der Sichtbarkeit ist eine Form, dem Ich zu nahe zu treten, es aufzuspießen, zu beurteilen und in einen möglichst optimalen und zugleich kontrollierbaren Zustand zu versetzen. Damit einher geht ein Denken, das die Wahrheit über einen Menschen als etwas begreift, das gesucht und gefunden werden kann, und nicht als etwas, das notwendig durch ein gelebtes und geteiltes Leben produziert wird. Denn so, wie der Mensch als gieriges Tier die Erde durchschnüffelt und durchwühlt, durchschnüffelt und durchwühlt die psychologisierungssüchtige Kultur die Tiefen der Seele. Sie zerrt die Kindheit ans Licht und die Wunden der Liebe, Wunden, die nicht mehr geheilt und beklagt werden dürfen, sondern zu Problemen werden, für die Lösungen gefunden werden müssen. Das macht jeden zum traurigen, unpassenden und mit sich selbst im Widerstreit liegenden Einzelnen, der zunehmend selbst schuld ist, wenn sich das Leben nicht so anfühlt wie ein immerwährender Sonntagsausflug. Von immer absurder werdenden Forderungen nach Flexibilität, Kompetenz, Erfolg getrieben, bedrängt durch lokale, globale und virtuelle Konkurrenz und alleingelassen mit der Last des eigenen Schicksals, entfaltet sich das eigene Leben als ästhetisiertes Jammertal. Man ist einfach nicht geschmeidig, nicht ehrgeizig, nicht gut genug. Diesem Gefühl, das eine relativ normale Reaktion auf diesen ganzen

Irrsinn ist, verschreibt man die üblichen Techniken der Selbstmotivation und Selbstsorge: Wellness, Baby, und lange Wochenenden in kleinen Boutique-Hotels, dazu Yoga und Peeling und Biofood. Das machen die, die es sich leisten können. Der Rest hat eh schon verloren. Aber ist es überhaupt wünschenswert, sein Leben nach diesen idiotischen Anforderungen auszurichten? Wer will das denn? Wir bestimmt nicht.

Wir wissen es besser. Das klingt wie Ketzerei in einer Zeit, die selbst Ernährung, Fitness oder Inneneinrichtung in etwas verwandelt, für das notwendigerweise Experten herangezogen werden müssen. Von der Liebe, dem Flirten und der Kindererziehung ganz zu schweigen. Irgendwo muss er ja hin, der ganze Waren-, Zeit- und Geldüberschuss der westlichen Welt, und so wird Arbeit erfunden, die unnötig ist, um Probleme zu beheben, die unnötig sind, um Existenzen zu verwalten, die so sehr abgelenkt sind von den vermeintlichen Notwendigkeiten der Gegenwart, dass ihnen die Fähigkeit abhandengekommen ist, ebendiese selbsttätig zu bewohnen. Fast scheint es, als sei analog zum Fall Gottes auch der gesunde Menschenverstand auf die Erde gefallen und in Tausende kleine Expertchen zersprungen. Als könnte der Mensch nicht mehr in einem elementaren Sinne für sich selbst sorgen oder mit den Situationen des Lebens selbständig umgehen. Als hätten wir alle die Orientierung verloren und bräuchten jetzt für jeden Mist einen, der uns anweist. Als wüssten wir nicht mehr, wo es langgeht. Oder worum es überhaupt geht.

Doch die Antwort, das Urteil ist immer schon da. Es ist immer schon jemand zu Hause, und vielleicht ist das beängstigender als die Vorstellung, niemand wäre Zeuge all der kleinen und großen Widerwärtigkeiten, die unser aller Leben durchziehen. Man lügt ja nur, weil man die Wahrheit nicht aushält, man betäubt sich, weil es sonst zu schmerzlich ist, man rennt weg vor etwas, das man meint, nicht ertragen zu können. Doch leider – je weiter man sich von der inneren Antwort entfernt, desto weiter entfernt man sich auch von der Lebendigkeit und damit dem Gefühl der Verbundenheit mit sich, den anderen und dem Rest der Welt. Hier ist kein Gott. Hier sind keine Vorbestimmung und kein generalisiertes Gewissen. Hier sind nur Atem und Neugier und Sehnsucht. Hier sind auch Trauer und Schmerz und Fragen, auf die es keine Antwort gibt. Sich selbst zuzuhören ist etwas ganz anderes, als sich selbst zu erforschen, zu bewerten und darzustellen. Während ein psychologisch vollständig ausgeleuchtetes Ego zu einem Ich passt, dessen sehnlichster, wenn auch oft genug unreflektierter Wunsch es ist, sich in ein passendes Produkt für den globalisierten Arbeitsmarkt zu verwandeln, ist das echte Selbstgespräch eine wesentlich diffizilere Angelegenheit. Und es braucht Ruhe. Äußere Ruhe, innere Ruhe, ein kleines Schweigen der Welt und ein großes Schweigen der Wünsche.

Der Fernseher rauscht. Die Bilder werfen flackernde Schatten in dein Zimmer, und du beobachtest, wie sich der Tod mit unbewegter Miene eine Scripted-Reality-Show reinzieht. Dort fängt eine blondierte Frau gerade an zu weinen. Kurz denkst du darüber nach, was der Tod wohl von uns Menschen hält. Doch schon blickt er in deine Richtung und greift mit seiner weißen Knochenhand nach der Fernbedienung. Es ist wieder still im Zimmer und für einen

Augenblick fühlst du dich seltsam wohl in seiner Gegenwart. An ihm ist nichts Falsches, nichts Lautes, er sitzt einfach da und schenkt dir seine Zeit. »Was willst du?«, fragt der Tod, und du antwortest ganz automatisch: »Ich will leben.« Du atmest ein. Leben. Da sein. Alles andere scheint in weite Ferne gerückt, und für einen Moment ist es still in dir, während im Nachbarhaus ein Hund bellt und ein Wind an deinem Fenster rüttelt. »Wer bist du?«, fragt der Tod nach einer Weile. Diese Frage hat eine andere Qualität als die übliche Aufforderung zur Selbstauskunft. Es scheint nicht angemessen, deine biographischen Daten herauszusprudeln, deinen Lebenslauf, deine soziale Position. Wer bin ich? Du denkst an all die verschiedenen Antworten, die du in deinem Leben schon auf diese Frage gegeben hast. Du denkst an das, was du als Kind mal werden wolltest, und das, was du geworden bist, du schaust auf dein Leben aus einer gewissen Ferne und fragst dich, ob du alles richtig gemacht hast. Und ob das überhaupt geht.

»Woran willst du dich erinnern, wenn wir uns wiedersehen?« Der Tod hat sich nicht bewegt, er schaut dich einfach nur an. Der Tod erwartet nichts von dir. Es gibt keine richtige Antwort, nichts, was du sagen müsstest, es gibt nur die Fragen, die er dir stellt, und die Antworten, die du findest. Dir wird bewusst, dass du eigentlich alles weißt, was du wissen musst, dass dieses Wissen immer da ist, obwohl es sein kann, dass du es in der nächsten Sekunde wieder vergisst, aber dann musst du dich erinnern. Dabei helfen dir der Tod und die Stille, beim Er-Innern, also dabei, dir etwas, das du schon besitzt, wieder zu eigen zu machen.

Das sind zwei ganz grundsätzliche Bewegungen: das Staunen und die Kehre. Staunen beginnt mit der Anerkennung des Unendlichen im Endlichen, des Fremden im Vertrauten. Es ist Neugier und Skepsis, vermischt mit dieser heiligen Ehrfurcht, ohne die das Leben nichts ist als eine trübe Suppe. Während das Staunen also eine Bewegung ist, die von einem wegführt, ist die Kehre eine Bewegung, die zu sich hinführt, eine Rückkehr zu sich und seiner unbestechlichen Lebendigkeit. Doch obwohl es ein untrügliches Gespür gibt für die Rechte und Pflichten allem Lebendigen gegenüber, also eine Art Gerechtigkeitsempfinden, gibt es seltsame Ambivalenzen bezüglich der eigenen Wünsche und Vorstellungen. Wer kann schon letztgültig Antwort geben auf die Frage: Was willst du? Ununterscheidbarkeitszone Ich, Ort, an dem die Erfüllung aller Wünsche ebenso schrecklich scheint wie ihre Versagung. Und so kreuzen sich Staunen und Kehre, weil das, was man in sich selbst findet, letzten Endes auch ein Geheimnis ist, eine Unauslotbarkeit, und das ist ein Gedanke, der so tröstlich ist wie das Meer.

Den Tod ernst zu nehmen, heißt, sich selbst ernst zu nehmen. Wer bist du? Was liebst du? Woran willst du dich erinnern in der Stunde deines Todes? Welche Erfahrung, welche Bilder, welche Situationen willst du dir zu eigen machen? Was ist deine Idee von einem Leben, das es wert ist, gelebt zu werden? Der Schriftsteller George Bernard Shaw definierte einst den Gentleman als jemanden, der mehr in die Welt hineingebe, als er herausnehme. Diese Haltung gilt es zu fördern und zu verteidigen; sie allein erhebt uns aus den trüben Sümpfen der ewigen Selbsterforschung. Es geht nicht darum, was man war und was man ist, sondern darum, was man sein könnte, würde man sich am Guten und Großzügigen ausrichten anstatt an der egoistischen Befriedigung der eigenen Wünsche. Dabei geht es um die Fähigkeit, sich an Werten oder Idealen zu orientieren, die mehr sind als die eigene Befindlichkeit. Das hat auch etwas mit Berufsethos zu tun – wie beispielsweise mit dem Selbstverständnis einer Anwältin oder eines Handwerkers – oder mit Lebensführung oder auch mit der Art und Weise, eine ganz bestimmte Aufgabe zu erledigen, von der Elternschaft bis zur Begleitung eines Sterbenden. Doch dafür muss man einen Abstand zu sich selbst einnehmen. Das zum Ego fixierte Ich jedoch hat lebenslänglich. Alles, was es jemals zutage fördert, ist das Gleiche und mehr vom Gleichen. Dabei ist es zugleich größenwahnsinnig und abhängig vom Urteil der anderen, verkniffen, buchhalterisch und nur mit sich beschäftigt. Der Götzendienst am eigenen Bild ersetzt Erfahrungen des Selbst durch Selbsterfahrungen und beraubt die ihm Verfallenen des einzig wahren irdischen Glücks: Mensch zu sein in allen Situationen.

Ifeo Kunkel ist gerade 19 geworden, in seinen Augen der ungewisse Glanz der Jugend, ein bisschen zweifelnd, ein bisschen hoffnungsvoll. Seine Mutter kommt aus einem niederbayerischen Dorf und sein Vater aus Tunesien. Gemeinsam mit seiner kleinen Schwester ist er in München aufgewachsen, in einer Schule voll mit reichen Kindern, die auch noch so ausgesehen und alles zur Schau gestellt haben, von den Marken, die man anhat, bis zu den heißen Schlitten, in denen man vorfährt. Auch Ifeo mit seiner im Gegensatz dazu ganz durchschnittlich bürgerlichen Herkunft ist eine sehr adrette Erscheinung. Er trägt sich mit dem Gedanken, Jura zu studieren, weil er gut leben will, dazugehören und endlich auch besitzen, was den anderen so scheinbar mühelos mitgegeben wurde. Letzten Endes aber will er, ganz im Gegensatz zum bereits vollständig durchgecoachten und schmerzfrei geldgeilen Neu-BWLer Georgi, etwas noch Unschuldiges erlangen: Souveränität. Das Geld der anderen hat ihn geblendet, aber die damit verbundene Unverwundbarkeit hat ihn angestachelt, und jung, wie er ist, glaubt er noch, sie würde ihm einfach so zufallen, wenn er nur täte, was alle tun: arbeiten, Familie gründen, Haus bauen. An sich ist das alles kein übler Plan, und es gibt schlechtere Gründe, ein Studium zu beginnen. Aber wo bleiben die Leidenschaft, die Hingabe, der Glaube an eine Sache? Denn letzten Endes will der angehende Jurist Ifeo sich wie so oft etwas Inneres, nämlich Souveränität, durch etwas Äußeres, nämlich ein irgendwie aussichtsreiches und prestigeträchtiges Studium, zu eigen machen.

Aber so einfach ist es nicht mit der Souveränität. Sie ist eine Form der Lebenskunst, der tätigen Anwesenheit im Hellen und Dunklen, im Erhabenen und Niedrigen, verwandt dem, was der amerikanische Essayist Norman Mailer in seinem Aufsatz über den *weißen Neger* »cool« genannt hat – diese Eigenschaft, die der Hipster als derjenige, der sein Leben wagt, dem Square, der auf Sicherheit setzt, voraushat. Der Begriff »Hipster« bezog sich zu Zeiten von Mailers Essay auf einen Menschen, der lässig war und Rhythmus hatte, der flirten konnte, tanzen, rauchen und trinken, der geschmeidig war und sich auskannte, ob am Tag oder in der Nacht. Ein Square war ein Spießer, einer, dessen Leben in festen und planbaren Bahnen verlief, der einen sicheren Job hatte und nichts verstand von Lust und Rausch und Risiko. Seine Welt war klein, um nicht zu sagen kleinkariert. Cool zu sein bedeutete, »eine Situation unter Kontrolle zu haben, weil du dort gewesen bist, wo der Square sich nicht hintraute, weil du dir eines Schmerzes, einer Schuld, einer Scham oder eines Begehrens bewusst geworden bist, die der andere sich nicht eingestehen kann«. Doch so, wie sich das Wort »Idiot« vom Privatmenschen hin zum Egomenschen verschoben hat, ist das Wort »cool« von innen nach außen gewandert. Einst so etwas wie instinktsichere und erfahrungssatte Lebendigkeit bezeichnend, dient es jetzt als bloßes Mitmachwort für den, der zuerst das goldene Smartphone hat. Aber die dahinterliegende Idee von Souveränität, die durch echtes Erleben entsteht, ist immer noch gültig; dieses Erleben allein hinterlässt den Boden, auf dem so etwas wie eine Haltung heranwächst, indem man sich aussetzt und sich hingibt und sich hinterfragt, wieder und wieder. Indem man wach bleibt und aufmerksam, großzügig und genau, indem man hinschaut und nicht wegschaut und es aushält, lächerlich zu sein und romantisch und verletzlich. Indem man hinfällt und wieder aufsteht, indem man siegen lernt und verlieren, mitspielen und aufgeben. Und vor allem, indem man etwas anstellt mit seinen Händen und seinem Körper und seinem Verstand. Oder, um den amerikanischen Science-Fiction-Autor Robert A. Heinlein zu zitieren: »Ein menschliches Wesen sollte in der Lage sein, Windeln zu wechseln, eine Invasion zu planen, ein Schwein zu schlachten, ein Haus zu entwerfen, ein Schiff zu steuern, ein Sonett zu schreiben, Buchhaltung zu beherrschen, eine Mauer zu errichten, einen Knochen zu schienen, einen Sterbenden zu trösten, Befehle zu akzeptieren, Befehle zu erteilen, mit anderen zusammenzuarbeiten, selbständig zu handeln, eine Gleichung zu lösen, ein Problem zu analysieren, einen Stall auszumisten, einen Computer zu programmieren, ein gutes Essen zu kochen, effektiv zu kämpfen und schließlich ritterlich zu sterben. Spezialisierung ist was für Insekten.«

Eine Haltung, oder das, was sich hinter dem im wahrsten Sinne eigenhändig zu befüllenden Wort »Mündigkeit« versteckt, muss erworben werden. Es gibt sie nicht zu kaufen, man kann sie nicht herstellen und die Forderung, sich allen praktischen Seiten des Lebens tätig zuzuwenden, ist nur ein Teil davon. Mündigkeit beginnt, wenn man sich Gedanken darüber macht, woher die Welt im eigenen Kopf kommt. Warum glaube ich, was ich glaube? Woher kommen meine Ansichten, Meinungen und Überzeugungen? Warum halte ich dieses für gut und jenes für schädlich?

Ein mündiger Mensch zu werden ist ein lebenslanger Prozess. Denn dieses Nachdenken und Hinterfragen und Den-Dingen-auf-den-Grund-Gehen hört ja nicht plötzlich auf, nur weil man vielleicht ein Studium abgeschlossen oder einen Beruf angefangen hat. Es geht weiter, und es reicht auch weiter hinein in die Tiefe der Welt, die wir gemeinsam bewohnen. Wie wirke ich ein auf die Welt und sie wiederum auf mich? Woher kommt dieses oder jenes Ding? Wer hat es produziert und unter welchen Bedingungen? Und brauche ich das wirklich? Überall sind wir verantwortlich, den anderen, der Natur und uns selbst gegenüber, und sich dieser Verantwortung jeden Tag wieder aufs Neue zu stellen ist eine Idee von Mündigkeit, die keinesfalls verschleiert, was im Kern allen Fortschritts und alles Guten zu finden ist: Anstrengung.

Kant, der sich seinerzeit schon lustig gemacht hat über all diejenigen, die glaubten, dass etwas von wahrem Wert käuflich oder gar billig zu haben sei, hat dazu in einem frühen Aufsatz geschrieben: »Die Handlung des Nachdenkens und der durch die Vernunft aufgeklärten Vorstellung ist ein mühsamer Zustand, darein die Seele sich nicht ohne Widerstand setzen kann und aus welchem sie, durch einen natürlichen Hang der körperlichen Maschine, alsbald in den leidenden Zustand zurückfällt, da die sämtlichen (sinnlichen [Anm. d. Autorin]) Reizungen alle ihre Handlungen bestimmen und regieren.«

Doch wenn man nicht nachdenkt, dann kann es passieren, dass man irgendwelchen fadenscheinigen Deals auf den Leim geht, dass man in die Knochenpresse der Unterhaltungsindustrie gerät, dass man etwas studiert, was einen nicht interessiert, um Sachen zu kaufen, die man nicht braucht, um Leute zu beeindrucken, an denen einem nichts liegt. Dann kann es passieren, dass man das Leben eines anderen lebt, und irgendwann ist es zu spät, und dieses Bedauern ist so bitter, dass man nur davon flüstern kann, ganz leise. Denn trotz der ganzen Ungewissheit und ihrer Verteidigung ist das alles kein Spiel. Oder besser: Es ist das ernsteste Spiel der Welt und der Einsatz ist das eigene Leben, und alles zählt und auf alles kommt es an und wer ignorant und bequem und feige ist, hat schon verloren. Das größte Risiko ist es, das Leben nicht zu wagen, abzuwarten, dass irgendwann irgendetwas geschieht und währenddessen in vorauseilendem Gehorsam zu machen, was man eben so macht.

Dem gegenüber steht das, was die Philosophie schon seit ihren Anfängen Lebenskunst genannt hat, also Fragen des praktischen Handelns und der Möglichkeit, auf sich selbst einzuwirken. Denn während die psychologisierende Kultur darauf drängt, sich zu kennen, sich zu analysieren und sich immer sofort parat zu haben, geht es hier darum, sich selbst zu formen oder auch zugunsten einer Idee, eines Ideals oder einer Rolle von sich selbst abzusehen. Alles beginnt damit, sich vor sich selbst Rechenschaft abzulegen. Das bedeutet nichts anderes, als zu überprüfen, was man getan, wie man sich selbst und die anderen Menschen behandelt hat und ob sich das in Übereinstimmung mit den eigenen Grundsätzen befindet. Auf diese Selbstgespräche legt man in der stoischen Philosophie allergrößten Wert, als deren bekannteste Vertreter Kaiser Mark Aurel mit seinen *Selbstbetrachtungen*, der Philosoph Seneca mit *Das Leben ist kurz* oder der römische einstige Sklave Epiktet mit seinem *Handbüchlein der Moral* zu nennen sind. In der Stoa ist Gelassenheit das höchste Gut, und um sie zu erreichen, geht der Stoiker verschiedenen geistigen Übungen nach. Er stellt sich alles Schlimme, das nur passieren kann, immer wieder vor, um so weder überrascht zu werden noch sonderlich erschüttert auf Tod, Krankheit und Unglück zu reagieren. Er lernt, sich selbst zu befragen und sich über sein tägliches Handeln klar zu werden, alles mit dem Ziel, blinde Flecke auszumerzen und sich am Wahren, Guten und Gültigen aufzurichten – auch eine Weise, es mit der ständig lauernden Blödigkeit aufzunehmen. Vielleicht sogar die einzige.

Liest man Mark Aurels *Selbstbetrachtungen*, ist man hin und her gerissen zwischen andachtsvoller Bewunderung ob so vielen Edelmuts – »Hindert dich denn das, was dir zustößt, gerecht, hochherzig, verständig, vorsichtig, besonnen im Urteil, truglos, bescheiden, freimütig zu sein?« – und dem Verdacht, dass es schwierig gewesen sein muss, so jemanden zum Vater gehabt zu haben. Albern und zärtlich war man nicht. Dafür dachte man viel über Einflussnahme und Ohnmacht nach. Dazu schrieb Epiktet in seinem *Handbüchlein*: »Von dem Seienden steht das eine in unserer Macht, das andere nicht. In unserer Macht stehen Urteil, Trieb zum Handeln, Begehren, Meiden, mit einem Wort alles, was unsere eigene Betätigung ist, nicht in unserer Macht der Leib, der Besitz, Ansehen, Würden, mit einem Wort alles, was nicht unsere Betätigung ist. (…) Merke dir nun: Wenn du das, was seiner Natur nach sklavisch ist, als frei ansiehst und das Fremde als dein Eigentum, dann wirst du gehindert werden, klagen, in Affekt geraten, Götter und Menschen schelten. Siehst du aber nur das als dein an, was wirklich dein ist, das Fremde aber, wie es der Fall ist, als fremd, so wird dich niemals jemand zwingen, niemand dich hindern; du wirst niemanden schelten und dich über niemanden beklagen; nichts wirst du wider deinen Willen tun, niemand wird dir schaden, keinen Feind wirst du haben (…).«

Auch eine Antwort auf die hysterische Selbstbespiegelung des 21. Jahrhunderts. Doch neben dieser klugen Strenge, die das Leben als Vorbereitung auf Tod und Verlust begreift und Souveränität als Herrschaft über sich selbst zum höchsten Gut erklärt – der stoische Philosoph Seneca schnitt sich auf Befehl des Kaisers Nero, der ihn einer Verschwörung bezichtigte, ohne viel Aufhebens die

Pulsadern auf –, gibt es die philosophische Strömung des Epikurismus, welche die Freude – an der es, bei aller Hochherzigkeit, den kühlen Stoikern oft genug zu mangeln scheint – in den Mittelpunkt stellt.

Epikur war ein griechischer Philosoph und lebte im vierten Jahrhundert vor Christus. Seine Lehre nannte er Hedonismus, aber ihn auf bloßen und vor allem verschwenderischen Genuss zu reduzieren, wäre falsch. Die Freude, von der Epikur spricht, hat nichts Unmäßiges oder Überschwängliches. Sie ist eine Freude der Verfeinerung, des rechten Maßes. Es geht um Genuss, nicht um Konsum, doch auch dieser Genuss ist einfach und schlicht. Epikur hat den Ton leiser gedreht, damit die stilleren Dinge ans Licht treten konnten, Dinge, die das Dasein lebenswert machen, ohne aufdringlich zu sein. Die Freude des Blickens, des Denkens, des Gehens. Die Freude an Farben, an Formen, an Unterhaltungen. Letztere verweisen schon auf das, was bei Epikur als höchste Tugend gilt – die Freundschaft. Denn was sind Genüsse wert, die man nicht teilen kann? Aus seinen Schriften spricht eine wache, freundliche, fast entspannte Art des Auf-der-Welt-Seins, die auf seltsame Weise fast nobler scheint als die strengen stoischen Selbstanweisungen. Doch auch bei Epikur geht es zentral um die Herrschaft über sich selbst und die eigenen Bedürfnisse. Furcht, Schmerz und Begierde müssen im Zaum gehalten werden, nicht nur, um dem Tod aufrecht entgegenzugehen, sondern um das Leben achtsam und kundig auszukosten. Wenn die Stoiker der Welt Gelassenheit schenkten, so lautet Epikurs Beitrag: Heiterkeit. Was sollte man auch das Leben erringen, wenn man nicht verstünde, es zu genießen?

Von den alten Griechen lernen: Selbsterziehung zum Guten, Vorbereitung auf das Schlimmste, Selbstbeschränkung und Daseinslust, verbunden mit einer stillen Freude an kleinen Dingen.

Vielleicht ist auch die Sehnsucht, gesehen und geführt zu werden, ein Grundbedürfnis und nicht nur etwas, das uns Menschentiere früher dazu anhielt, einen Gott zu denken oder jetzt auf den nächsten Like zu warten. Der Beitrag des antiken Denkens wäre der Vorschlag, diese Bedürfnisse so gut wie möglich selbst zu stillen. In seinem Buch *Der Mut zur Wahrheit* beschreibt der Philosoph Michel Foucault die antike Sorge um sich als eine Weise, wie das Selbst, anstatt sich zu analysieren und darzustellen, sich um sich selbst *kümmert* und dabei über »seine Vernunft, seine Wahrheit und seine Seele« wacht. Das ist an diesem Punkt die griechische Alternative – sich an Werten und Grundsätzen aufzurichten, die überlegt und eigenhändig gewählt werden anstatt mit dem neuen Turnschuh vermeintlich mitgekauft.

Doch haben wir uns wirklich so sehr in der Hand? Dazu schreibt Mark Aurel: »Nach der Beschaffenheit der Gegenstände, die du dir am häufigsten vorstellst, wird sich auch deine Gesinnung richten; denn von den Gedanken nimmt die Seele ihre Färbung an.« Das betrifft nicht nur die Frage, ob man seinen Blick lieber auf den schmutzigen Boden oder den weiten Himmel richtet, sondern ganz allgemein die Freiheit, zu wählen, womit man sich beschäftigt. Womit verbringe ich meine Zeit? Mit wem teile ich mein Leben? Worüber denke ich nach, was schaue ich mir an und welchen Menschen und Dingen verweigere ich mich?

Diesen Möglichkeiten der Selbstformung steht jedoch stets das Unverfügbare gegenüber. Charakter könnte man dasjenige nennen, was ein Mensch sich in Auseinandersetzung mit seiner Herkunft, seinem Selbst und seiner Umwelt erwirbt. Das Unverfügbare hingegen ist dasjenige, was alle Bemühungen durchkreuzt. Man kann eben nicht alles werden und alles machen und alles sein.

Sich um sich selbst zu kümmern heißt nicht nur, sich nach einem schönen Bild zu kneten, sondern auch, sich anzunehmen als den Teig, der eben eine bestimmte Farbe und eine bestimmte Beschaffenheit hat – ob es den eigenen Körper, die eigenen Begabungen oder den eigenen Mangel betrifft.

Julika Basdeki ist klein, korpulent und gut mit Zahlen. Ihre Haare sind dunkelbraun und ziemlich dünn, ihre Vorderzähne stehen weit auseinander und sie hat eine Vorliebe für Gelbtöne, die ihr einfach nicht stehen. Julika arbeitet als Steuerprüferin in einer großen Kanzlei, sie hat eine Katze, die sie liebt, und einen Freund, den sie noch mehr liebt und mit dem sie seit sechs Jahren zusammen ist. Julika schaut gerne dünne, große Menschen in Modemagazinen an und stellt sich vor, irgendwann auch einmal so auszusehen. Wenn sie einen selbstironischen Tag hat, zitiert sie einen alten Spruch ihres Vaters: »Man kann aus einem Mops keinen Windhund machen«, und dann legt ihr Freund, der auch gerne gut isst, seine Arme um ihre breiten Hüften. Und die Welt ist für einen Augenblick von allem Ballast befreit, weil Julika sich erhebt aus den Niederungen des »Was wäre wenn« und aller falschen Sehnsucht.

Realismus entspannt, vor allem, wenn man sich eingesteht, eben doch nicht alles in der Hand zu haben. Doch es geht nicht nur um Gelassenheit, was das eigene Äußere oder die eigenen Fähigkeiten betrifft. Auch unsere Seele ist nicht fest umrissen, sondern eher ein Wirbel aus Hoffnungen, Ängsten und Wünschen.

Lena Strobel arbeitet in der Verwaltung einer großen Fluglinie. Sie hatte schon lange keinen Freund mehr, und irgendwann begannen ihre Freundinnen, ihr Männer vorzustellen – Cousins, Freunde von Freunden, Bekannte. Der Erste, den sie traf, war ein junger Arzt. Der Nächste war ein gelernter Koch, der sie mit ausgefeilten Schilderungen seiner Künste erst entflammte, dann ermüdete. Nach kurzer Zeit hatte Lena sich daran gewöhnt, ein- oder sogar zweimal im Monat einen Fremden zu treffen. Es wurde zu einer Art Sport. Gleichzeitig wuchs eine gewisse Verzweiflung, denn von Mal zu Mal schien es unmöglicher, wirklich jemanden zu finden. Dann ging sie eines Abends zu Fuß nach Hause. Gedankenverloren überquerte sie eine Straße, als ein Auto sie erfasste. Als Lena, halb auf dem Gehweg, halb auf der Straße liegend, in den sternklaren Himmel sah, schob sich ein dunkles Gesicht in ihr Blickfeld und eine tiefe Stimme fragte, ob alles in Ordnung sei. Ja, ja, sagte sie und versuchte aufzustehen. Ihre Hüfte tat weh, ihr Ellbogen blutete, aber instinktiv spürte sie, dass nichts wirklich Schlimmes passiert war. Vor ihr stand ein Mann in einem blauen Anzug. Mourad Hamodi lebte schon seit sieben Jahren in Deutschland und betrieb zusammen mit seinem Bruder und seiner Schwägerin eine Wäscherei. Lena erhob sich, sie standen voreinander und etwas passierte. Dann gingen sie essen, Mourad hatte darauf bestanden. Sie trafen sich wieder. Lena brachte ihre Blusen in seiner Wäscherei vorbei. Irgendwann küssten sie sich.

Das nahm noch ein ziemlich romantisches Ende mit Mourad und Lena, die gerne von ihrem Kennenlernen erzählen. Irgendwann war Lena schwanger, die Hochzeit in Marokko dauerte drei Tage und das zweite Kind wurde, zur großen Freude der Großväter, ein Junge. Lena hätte so jemanden wie Mourad weder gesucht noch gefunden. Sie wurde von sich selbst überrascht.

Das ist nur möglich, weil wir uns selbst nicht durchschauen können. Das Schlimmste an diesen bewusstlos gecoachten und psychologisch total auserzählten Menschen ist ja, dass das alles nicht die ganze Wahrheit ist. Dass es so etwas wie die ganze Wahrheit über einen Menschen gar nicht geben kann. Denn das Fremde, Andere, Geheimnisvolle ist nicht nur außerhalb, sondern *in* mir, und so bin ich selbst das Rätsel, das es zu lösen gilt und dessen Lösung doch nur darin bestehen kann, zu umarmen, was man nicht fassen kann.

4. Kapitel

NEIGUNG ODER NÜTZLICHKEIT

oder von der Verteidigung der Unverwertbarkeit des Menschen und der Möglichkeit von Liebe

Alva Elbers ist Mitte 30 und sucht nach einem Lebensgefährten. Sie ist mittelgroß, sehr schlank und hat hohe, auffallend schöne Wangenknochen. Das dunkle Haar trägt sie in einem akkurat geschnittenen Bob, die dünnen Beine stecken meist in engen Hosen und die große Tasche, die sie immer dabeihat, bringt sie schon lange nicht mehr aus dem Gleichgewicht. Alva arbeitet für eine großstädtische Galerie, sie hat ein paar gute Freundinnen, mit denen sie abends was trinken geht, und ein paar weiter entfernte Kumpel aus der Galerieszene, mit denen sie bei den unvermeidlichen Vernissagen und Finissagen herumsteht. Mittlerweile könnte man fast in jeder Sekunde von Alva ein Bild machen, und es würde irgendwie gut aussehen, oder besser gesagt: durchgestylt.

Vor zwei Jahren hat Alva das letzte Mal geweint, es war, als sie einen Film über einen treuen Hund gesehen hat. Vor drei Monaten hat Alva das letzte Mal laut gelacht, es war die Geschichte eines komischen Missgeschicks ihrer Freundin Lea Winter, die vor vielen Jahren mal mit Aram Kenobi zusammen gewesen war. Ab und zu denkt Alva darüber nach, sich selbst einen Hund zuzulegen, einen Taschenhund, wie sie es nennt, klein, fotogen und voller Liebe, aber selbst vor dieser Verantwortung hat sie Angst. Seit drei Jahren ist Alva schon Single. Und obwohl sie wirklich hübsch ist, will sich einfach kein Verehrer einstellen, und das, obwohl sie ihre zugegeben nicht unbeträchtlichen Ansprüche schon ein ganzes Stück heruntergeschraubt hat. Alvas Wohnung ist groß und leer, nur ein paar Bilder und Skizzen an den Wänden. Es ist alles irgendwie stylish und irgendwie kalt. Und so könnte man Alva nehmen, sie und ihr ganzes Leben auf ein Podest stellen und von allen Seiten beleuchten, und es gäbe keine Stelle, an der der Blick abgelenkt würde. Oder auch: hängenbliebe, weil sie Schichten um Schichten aus vollkommenen Oberflächen um ihr einsames Ich gelegt hat wie Eisringe um ein schlagendes Herz.

Es gibt nicht mehr viel zu verändern in Alvas Leben, vielleicht eine neue große Tasche, vielleicht ein besseres Gehalt und mit Sicherheit irgendwann ein *Boyfriend*. Sie hat sich in eine fiktive Vollkommenheit zurückgezogen, die umso tragischer ist, als dieses trügerische Ideal bedroht ist von dem natürlichen Verfall, der auf uns alle wartet. Solche Wesen wie Alva versuchen dem Werden und Vergehen des Lebens zu entkommen, indem sie sich einfrieren, und dieser seltsame Frost liegt auch am Ende aller Bildwerdung – nichts als Gleichgültigkeit, Leere und kalte Perfektion. Sich in ein Bild zu verwandeln heißt, langsam alles abzutöten, was lebendig ist, unpassend, wuchernd und widersprüchlich. Es heißt, die Mannigfaltigkeit des Lebens langsam auf das zu reduzieren, was sichtbar, deutbar und kontrollierbar ist. Seit einiger Zeit macht Alva auch Online-Dating; die Fragebögen kommen ihr entgegen, sie fühlt sich sicher, wenn sie Auskunft geben kann über sich, weil auch sie, wie alle diese Geschöpfe, alles über sich weiß, was sie für wissenswert hält, von der ayurvedischen Typenlehre über die wichtigsten Kindheitstraumata bis zum Aszendenten und wieder zurück. »Ich bin eine starke Persönlichkeit, die Nähe sucht und Nähe zulassen kann«, schreibt Alva dann in ihre Profile, »ich glaube, dass Liebe mehr Arbeit als Fügung ist, und ich bin bereit, Kompromisse einzugehen«, und dabei malt sie sich aus, wie sie mit einem gutaussehenden Mann auf ihrer schönen Couch sitzt und aus einer Designerkaraffe genüsslich Weiß- oder meinetwegen auch Rotwein ausschenkt. Sie will einen mit abgeschlossenem Hochschulstudium, hat sie schließlich auch, Kunstgeschichte, er soll Humor haben und gut verdienen und gerne Sport machen, denn ohne die zweimal in der Woche stattfindenden Pilates-Übungen wäre Alva, ohne sich das jemals ganz einzugestehen, wahrscheinlich schon vollkommen ausgerastet. Ein paar Profile findet sie interessant, mit dreien hat sie sich länger geschrieben und einmal hat sie sich sogar getroffen, nicht ohne sich vorher bei ihrer Freundin Lea durch einen möglichen Abbruchanruf rückzuversichern. Sie mochte ihn nicht, es war irgendwie fad.

Am meisten jedoch achtet Alva, ohne sich das tatsächlich einzugestehen, auf das Profilbild. »Hot or not« lautet ihre Devise, es könnte sogar das Motto sein, das sich durch ihr ganzes Leben zieht, von den Bildern und Artefakten, die sie für die Galerie einkauft und betreut, über alles , was sie sich selbst zulegt bis hin zu ihrer Garderobe. Hot ist gut, not ist schlecht, dazwischen hat nicht viel Platz, und ganz ehrlich: Warum sollte es auch? So denkt Alva, und die Jahre vergehen und die Falten kommen und irgendwie, ganz leise, meldet sich von Zeit zu Zeit eine Stimme, die darauf hinzuweisen scheint, dass irgendetwas vollkommen schiefläuft, sie findet nur nicht heraus, was genau es denn sein mag.

Solche Menschen wie Alva bevölkern die Straßen der großen Städte und man kommt nicht umhin, sie ein bisschen zu bewundern für den ungeheuren Weg, den sie zurückgelegt haben aus den meist kleinen Dörfern oder Städtchen, in denen sie ihre Jugend verbracht haben. Auch Alva hat nichts Provinzielles mehr an sich. Aber auch nichts Besonderes, sie ist nur eine von vielen, die schön aussehen und durch die Straßen der Städte eilen und die große Maschine des Kunst- und Kulturbetriebs am Laufen halten, durch die, besonders was den Kunstmarkt betrifft, das Geld zirkuliert, das auf den Finanzmärkten verdient wird. Alva ist Teil dieses globalen Spieles, und sie weiß es zu schätzen. Sie hat sich einen Rest Unschuld bewahrt und einen Rest Dankbarkeit für die Tatsache, dort genau diesen Job zu haben. Sie arbeitet viel und hofft auf Liebe, und das muss reichen und vielleicht tut es das auch. So ein spröder Restanstand geht Cindy Buschpfeifer völlig ab, die Mitte 20 ist, schön, skrupellos und ehrgeizig. Cindy will ganz nach oben, sie will und muss es schaffen und dafür ist ihr wirklich jedes Mittel recht. Sie twittert für ein aufstrebendes Berliner Modelabel, dazu modelt sie gelegentlich und legt jeden zweiten Dienstag im Monat in einer düsteren kleinen Bar ausgesuchte Musik auf, wobei sie darauf achtet, ihre langen Haare offen und ihre langen Beine in hohen Schuhen zu präsentieren. Männerleichen säumen ihren Weg, weil sie, verführerisch, wie sie ist, zulässt, dass sich alle in sie verlieben. Je nach Bedarf werden die Männer umgarnt, herangezogen und ausgebeutet oder am langen Arm verhungert zurückgelassen. Dabei hat Cindy ganz im Gegensatz zu Alva einen riesigen Freundes- und Bekanntenkreis. Schon früh hat sie erkannt, wie wichtig es ist, Teil einer größeren Community zu sein, und so spannt sie ihre Netze in alle sozialen Sphären und Welten hinein und sammelt Menschen und Kontakte wie andere Designobjekte oder alte Kaffeemühlen.

Was Cindy so besonders macht, ist der Umstand, dass sie das übliche Nützlichkeitsdenken auf die Spitze treibt. Sie ist davon überzeugt, dass alle irgendwie nützlich sind, es kommt nur darauf an, sie erst einmal einzukassieren. Sonst aber hält sich auch Cindy brav an die bekannten Regeln des Spiels: hot or not, in or out, nützlich oder unbrauchbar.

Diese Mechanik ist von zwei einfachen Gedankengängen bestimmt, die immer wieder ablaufen, wenn zwei Karrieremenschen einander begegnen – und wer wollte nicht Karrieremensch sein, wenn die Alternative darin zu bestehen scheint, vollkommen abzulosen. »Bist du sexuell verfügbar oder kannst du mir nützen?« Wehe dem, der da rausfällt. Wobei, so schlimm ist es ja auch nicht, wenn man weder sexy noch brauchbar ist – alle Menschen, denen es offensteht, an den großen Spielen, sprich dem globalisierten Arbeitsmarkt, teilzunehmen, brauchen ja vor allem eines: ein Publikum. Das die Bilder liked, die neue Tasche bemerkt und den überhippen *Boyfriend* mit genau dieser Mischung aus Neid und Bewunderung aus den Augenwinkeln beobachtet, die selbst das erkaltete Herz von Alva Elbers für einen Augenblick zum Schmelzen bringt.

Kein Wunder, dass alles so unterschwellig brutal geworden ist. Dass die Menschen, oft genug, ohne es bewusst zu wissen oder gar darüber nachzudenken, miteinander in eine Art ewigen Konkurrenzkampf getreten sind, dessen perfideste Folge darin besteht, dass er den Blick auf die gemeinsamen Interessen und Notlagen verschleiert. *Solidarität* wird verhindert, aufgegeben für das wohlige Gefühl, den Nächsten wieder einmal auf seinen Platz verwiesen zu haben. Kein Wunder, dass alle so kalt und unbeteiligt geworden sind, wer will sich auch eine Blöße geben vor dem großen Daumen, der nur noch zwei Bewegungen kennt: rauf oder runter.

Diese Formen eines Entweder-oder sind einerseits eine Form der Gewalt, weil Lebendiges und Komplexes reduziert und dadurch regelrecht geplündert werden. Andererseits sind auch sie nichts als gehorsame Diener der herrschenden Verhältnisse, weil Anderes, Ambivalentes, Drittes in jeglicher Form undenkbar erscheint. Doch selbst die Möglichkeit, etwas auszuschließen, also für not, out und unbrauchbar zu erklären, scheint bedroht. Bei Facebook zum Beispiel kann man nur noch liken – Kritik ist nicht mehr möglich. Am Schluss bleibt nur noch das große *Ja*. Zu allem. So entsteht Verblendung, welche die Gegenwart zugleich alternativlos und notwendig erscheinen lässt. Ihr zu verfallen heißt, zu machen, was man eben so macht, und zu denken, was man eben so denkt. Dazu gehört auch ein zunehmend rationales Verhältnis zu anderen Menschen. Ihr Wert ist nicht mehr natürlich gegeben, sondern bemisst sich vor allem daran, was er oder sie für einen tun kann, beruflich oder privat. Das Folgenreichste an diesem Umgang miteinander ist der Verlust aller anderen Möglichkeiten, miteinander umzugehen. Wo sind sie hin, die absichtslose Freundlichkeit dem Nächsten gegenüber, das desinteressierte Wohlwollen, der herzlich brummende Groll? Und was macht das mit den Rollen, die jeder Einzelne spielen kann und spielen könnte als Freund, als Familienmitglied oder als Partner? Wie viel Raum gibt es noch für Entfaltung und Gestaltung?

In jedem Menschen stecken viele Welten, vertane, erhoffte und mögliche. Alles ändert sich. Alles kann sich ändern. Ein freier Mensch ist unbestimmbar. Er ist komplex, widersprüchlich und zugleich unvollständig. Wir sind werdende Wesen – wir wachsen, wir reifen, wir wechseln die Richtung. Dem gegenüber steht der Vorgang, den anderen oder auch sich selbst zu einer klar umrissenen Sache oder einem vollkommen deut- und somit verwertbaren Ding zu machen. Das verwandelt Lebendiges in Totes und Subjekte in Objekte, die mit anderen Objekten verglichen werden können. Diese Objektivierung gleicht dem erbarmungslosen Blick der Jury, die bei Germany's Next Topmodel die Mädchen beurteilt, um schließlich irgendwann zu sagen: »Ich habe leider kein Foto für dich.«

Menschen wie die Galeristin Alva machen sich selbst zu einer Sache, wenn sie sich und ihr eigenes Dasein ständig vor einen Spiegel stellen. Von Leuten wie der aufstrebenden Cindy Buschpfeifer ganz abgesehen, deren Selbstverbesserungswunsch nur noch von ihrem Ehrgeiz übertroffen wird. Doch es ist ja nicht so, dass solche Menschen bei sich aufhören würden. Dieser harte Blick auf sich und die Welt geht auch in die lebendige Seele des anderen hinein, der dadurch nur noch ein ganz bestimmtes Ding ist, das entweder gemocht wird, weil es brauchbar ist, oder aus dem entgegengesetzten Grund verworfen. Soziale Verwerter wie Cindy *managen* ihre Bekanntschaften. Den einen zu treffen und den anderen zu meiden ist Kalkül, nicht Zuneigung oder Interesse. Auch solche Mechanismen sind in ihrem Kern eine Beraubung, sie reduzieren, beschränken und vereinfachen. Wo sind sie denn, die Überraschung, die Frische, die Spontanität?

Im Online-Dating eher nicht. Da gibt es vielleicht den Moment des ersten Treffens, eine Neugier auf den anderen, aber eigentlich geht es bei dieser Form der Liebessuche darum, den Zufall möglichst auszuschalten. Auch weil sich die virtuelle Paarbildung auf die nicht ganz unwahre Tatsache stützt, dass Menschen mit gemeinsamen Interessen und Werten gut zusammenpassen. Wahr ist aber auch, dass alles Auschecken nichts bringt, wenn man sich nicht riechen kann. Wenn man die Stimme, die Hände, die Gesten des anderen nicht mag und wenn der Funke einfach nicht überspringen will. Liebe braucht Begegnungen und geteilte Zeit, gemeinsam bewohnte und gestaltete Räume. Das kann man ebenso wenig virtualisieren wie den Kuss am Anfang oder Ende einer verheißungsvollen Nacht.

Im Zeitalter des optimierten Menschen ist die Liebe unter die Räder gekommen. Ihre Sprache ist schon seit Jahrzehnten von der Werbe- und Konsumindustrie vereinnahmt, für die man Produkte zu begehren hat wie ein Romeo seine Julia. Ist es überhaupt möglich, noch »Ich liebe dich« zu sagen, ohne an eine bestimmte Burgerbraterei zu denken? Ein »Danke« auszusprechen, ohne den Jingle von diesen billigen Pralinen im Ohr? Geschweige denn »Ich begehre dich«, »Du riechst gut« oder »Ich habe Sehnsucht nach dir«? Klingt doch alles wie aus einem drittklassigen Porno, oder? Denn die haben abgeschöpft, was die Werbeindustrie übriggelassen hat. Und was bleibt noch für uns Menschen? Nicht gerade viel. Trotzdem und vielleicht sogar deswegen bleibt ausgerechnet die romantische Liebe Sehnsuchtspol einer sich immer stärker beschleunigenden und um sich selbst kreisenden Wirklichkeit. Warum ist das so? Zum einen, weil eine glückliche Partnerschaft mittlerweile zum Gesamtpaket »Gelungenes Leben« dazugehört. Zum anderen, weil sie leisten muss, was die Religion nicht mehr leisten kann: Sinn, Erlösung und Gemeinschaft. Letzteres hat auch mit der zunehmenden Selbstvergötzung zu tun – als ob man nicht spüren würde, dass es zugleich erbärmlich und entsetzlich ist, so sehr mit sich und seinem Bild beschäftigt zu sein. Wahre Liebe als etwas, das sich ereignet, also einem zustößt, und das man zugleich zulässt, hat immer noch die Kraft, etwas fast Totes wie ein durchoptimiertes Leben in etwas Lebendiges wie eine echte Beziehung zu verwandeln. Vor allem lässt sie – ob sie nun gelingt oder scheitert – den Menschen, dem sie widerfährt, verwandelt zurück. Auch das ist eine Befreiung aus dem Gefängnis des Immergleichen, in das sich dieser Tage jeder einzusperren droht, der macht, was man eben so macht.

Natürlich gibt es auch Pärchen wie Darius Voigt und Elena Curic, beide Anfang 40 und seit elf Jahren zusammen. Er ist Sportreporter, die Haare gehen langsam aus und das neue Auto hat auch nicht wirklich geholfen. Sie ist Sekretärin einer großen Baufirma; seit drei Jahren färbt sie die Haare rot und steht auf deutsche Chansons und lange

Fernsehabende. Kinder haben sie nicht, obwohl Elena seit langem aufgehört hat zu verhüten. »Sie kommen, wenn sie kommen«, sagt Elena immer, wenn man sie darauf anspricht, und ihre warme Stimme lässt diesen Satz fast heiter klingen. Sie verreisen gerne, neulich waren sie zum Tauchen in Thailand, im Winter vor einigen Jahren Ski fahren in der Schweiz. Elena liest gerne Liebesromane, Darius spielt gerne Fußball und viel reden sie eigentlich seit Jahren nicht mehr miteinander. Trotzdem ist es gemütlich zwischen den beiden, auf eine stille und vertraute Weise. Würde man Darius fragen, warum er Elena liebt, dann würde er im ersten Moment die Frage gar nicht verstehen, ist sie doch einfach *da*, eine nicht hinterfragbare Selbstverständlichkeit, ohne die sein Leben so einsam und kalt wäre wie ein Büro nach Feierabend. Darius und Elena sind zu einer friedlichen Einheit verschmolzen, und so wenig glamourös oder sexy das auf den ersten Blick scheint, so sicher und behaglich ist diese stille Zweisamkeit; »Bratkartoffelgemütlichkeit«, würde die Galeristin Alva voll Verachtung sagen. Auch die kinderlose Elena träumt, vor allem, wenn sie mal wieder einen ihrer Liebesromane gelesen hat, von »heißen Nächten« und »glutvollen Blicken«. Irgendwo dazwischen ist sie wohl, die echte Liebe. Darius und Elena sind ein Amöbenpaar, und ein Moment dieser ruhigen Verschmelzung ist wohl Teil jeder langen Beziehung. Gleichzeitig ist das Ganze auch vollkommen langweilig, und jemand wie Cindy Buschpfeifer würde sich eher die schönen langen Haare abrasieren, als sich auch nur vorzustellen, mehr als eine Sekunde in dieser stummen Resignation verharren zu müssen. Auf der anderen Seite des Liebesungleichgewichts lauert jedoch ein ebenso tückisches Monster: das ganz große Gefühl. So wie Gustave Flauberts Emma Bovary ihre Provinzexistenz nur kraft ihrer überzogenen Vorstellungen in ein existentielles Drama verwandelt, in dem eine Lächerlichkeit von Grundbesitzer, Rudolphe, und ein bescheidener Kanzlist, Léon, zu großen und brennenden Leidenschaften herbeigeträumt werden, so blasen sich die Träume der allzu Erwartungsvollen mit romantischen Visionen auf. Doch Emma hat es wirklich getan, sie hat ihre Leidenschaft gewagt, gelebt und ist am Ende daran zugrunde gegangen. Auch wenn es nur ein hässlicher Selbstmord war, um den angehäuften Schulden und der Schande zu entgehen. Wer würde sich heute noch so zum Affen machen für das eigene Begehren oder gar für einen anderen? Emma Bovary hat ihre Männer verzaubert und sich gleich dazu; sie hat ihre Helden erschaffen durch die Kraft ihrer Fantasie, so lächerlich sie auch gewesen sein mag. Doch heute werden Helden nicht mehr erschaffen, sondern erwartet. Was der andere nicht alles leisten muss, mitbringen muss, darstellen muss, bis man sich mal einen kleinen Schritt auf ihn zubewegt. Analog zum monströsen Geschmack, den jeder entwickelt, der sich zu sehr mit sich und zu wenig mit dem Rest beschäftigt, ist auch der Wunsch nach exakter Übereinstimmung enorm gewachsen. Es gibt Blogs darüber, was man machen soll, wenn der oder die Angebetete ein Lieblingslied nicht gut findet oder Meister Yoda aus *Star Wars* mit Gollum aus dem *Herrn der Ringe* verwechselt hat. Weil man selbst so komplex und ausdifferenziert geworden ist, sucht man immer auch ein bisschen sein eigenes Spiegelbild. Und natürlich wird auch das schwerer und schwerer, je mehr Informationen und Geschmacksurteile man von sich selbst parat hat – als würde ein Korallenriff ein Gegenstück suchen, das sich exakt an die eigenen Kanten schmiegt. Dazu kommt, dass Männer nicht mehr nur erfolgreich sein sollen und Frauen schön, sondern bitte jeder Einzelne alles auf einmal. Aber wer soll das alles leisten, woher sollen sie denn kommen, diese Superhelden und Wunderfrauen, wenn es hier nur müde Menschen gibt, die Sehnsucht nacheinander haben? Und doch aneinander vorbeileben, weil der Blick nicht mehr auf den oder die Nächste fällt, sondern sich verliert in den Weiten der eigenen Ansprüche oder des Netzes? Wenn man nicht von vornherein beschließt, sich am kalten Glanz der eigenen Fantasie zu wärmen.

Die Projektionsmaschine rattert, und sie rattert weiter, vor allem bei der jungen Generation, die entweder alles will oder nur »ein bisschen Sicherheit«, wie die deutsche Band Silbermond das mal nannte. Zwischen diesen beiden Polen geht die Liebe verloren wie eine Münze, die jemand achtlos auf den Boden fallen lässt. Und was ist besser – freundliche Kapitulation wie bei Darius und Elena oder hemmungslose Selbstdarstellung wie bei Feli und Gero?

Gero Liebermann ist Anfang 30, hochgewachsen, Bartträger und Hosenhochkrempler. Er trägt eine Hornbrille, hat ein ironisches Tattoo an der Innenseite des linken Oberarmes und besitzt eine beachtliche Kollektion extravaganter Jutebeutel. Zusammen mit seiner Freundin Felicitas van der Felde lebt er in einer Dachgeschosswohnung im Süden von Berlin. Feli ist langhaarig, grünäugig und blass. Sie trägt enge Hosen, weite Jacketts und teure Ketten mit kleinen Anhängern. Die beiden haben einen dunkelbraunen

Dackel, den sie Bakunin genannt haben, nach dem russischen Anarchisten. Feli ist Sales-Managerin in einem skandinavischen Modegeschäft, Gero hat vor zwei Jahren einen Fahrradladen eröffnet, in dem er sogenannte Fixies, also Ein-Gang-Fahrräder, und teures Zubehör verkauft. Es läuft mittelmäßig, aber seine wohlhabenden Eltern unterstützen ihn. Die beiden laden gerne zu großen Essen ein, bei denen sie drei, oft auch vier Gänge kochen. Es gefällt ihnen, die Blicke der Gäste zu beobachten, die sich mit stillem oder manchmal ganz unverhohlenem Neid in ihrem stylischen Zuhause umblicken. Bakunin ist oft der Mittelpunkt solcher Abendessen, »wir üben für Kinder«, sagt Feli dann mit einem ironischen Lächeln auf ihren immer in der neuesten Trendfarbe bemalten dünnen Lippen, wie auch ihre Nägel bunt oder gar vielfarbig sind, je nachdem, was man so trägt. Während solcher Essen tauschen die beiden viele Zärtlichkeiten aus, sie spielen Paar oder sie sind Paar, das ist kaum zu unterscheiden. Vor allem aber sind sie eine gut geölte soziale Maschine, die sich gegenseitig Status, Sicherheit und eine Perspektive bietet.

Nur manchmal, wenn der Morgen graut, in den kurzen stillen Momenten, in denen das Herz wach ist und die Seele unruhig, fragen sich diese modernen Liebenden, ob sie nicht etwas vergessen haben. Ob das alles schon ausreicht, ob es genug ist, sich dabei zu unterstützen, gute Pärchenfotos online stellen zu können und beneidenswerte Essen zu geben, ob da nicht noch etwas Wesentliches fehlt. Aber was könnte es bloß sein?

Doch wie soll sie denn sein, die Liebe, die mehr ist als Projekt, Protektion und Projektion? Gewiss ist, dass in der

Verschmelzung, wie sie zwischen Darius und Elena stattgefunden hat, alles fehlt, was fremd und lebendig und aufregend ist. Wie es bei Gero und Feli an Wärme mangelt, an allem, was nicht immer auch Pose, Absicht und Berechnung ist. Denn das große Du, das alle anderen Menschen sind, durch das kleine Du zu ersetzen, das nur der eine oder die eine bestimmte Andere ist, ist vielleicht das Wesen der romantischen Liebe. Aber zugleich reduziert diese Beschränkung eine Kraft, die uns alle über alle Grenzen hinweg als Menschheit mit uns, der Natur und unseren Mitgeschöpfen verbindet zu einer exklusiv-elitären Veranstaltung. Denn Liebe ist mehr als Romantik. Bestenfalls ist sie eine Haltung der Welt gegenüber, eine offene, respektvolle und einschließende Zugehörigkeit. Alle Gleichzeitigkeiten von privatem Glück und sozialer Verachtung führen letzten Endes nur zu einer etwas geteilteren Form der allgegenwärtigen Einsamkeit.

Alle Liebe beginnt mit der Eigenliebe. Oder? Ob es schon jemals eine Zeit gab, in der man derart allumfassend aufgefordert wurde, sich selbst zu lieben? Legitimiert wird das entweder durch das Stückchen Gott, das in jedem Menschen steckt, seitdem der alte Mann sterbend vom Himmel gefallen ist – Selbstliebe wäre somit nichts anderes als die Fortsetzung der Religion mit anderen Mitteln. Dabei ist aber keinesfalls die Liebe zum Selbst gemeint, das in vielen spirituellen Traditionen Ort des Göttlichen in uns ist. Es geht vielmehr um die Liebe zum Ich, das sich zum Ego vergötzt. Denn alles Bild will Ewigkeit ... Oder Eigenliebe ist einfach eine Frage der Funktionalität – wenn man kein Selbstbewusstsein hat, ist man nur bedingt leistungsfähig.

Auch die Psychologie beharrt auf der Eigenliebe, ist deren Stärkung und Förderung doch das Ziel der meisten Therapien. Und schließlich leben wir in einer Zeit, in der sich das Ich eines Menschen in Arbeit verwandelt hat – Selbstanalysearbeit, Selbstdarstellungsarbeit, Selbstverbesserungsarbeit. Und man muss schließlich lieben, womit man sich so dermaßen beschäftigt. Es ist ja alles nicht ganz falsch. Wir werden alleine geboren und wir sterben alleine. Ein freundschaftliches Verhältnis zu sich selbst ist notwendige Voraussetzung für ein Leben, aus dem man sich eines Tages aufrecht verabschieden kann. Sich anzunehmen und zu bejahen ist lebensnotwendig. Und die Grundvoraussetzung dafür, einem anderen Menschen begegnen zu können, ohne ihn zu zwingen, den eigenen Selbstwert oder den eigenen Mangel zu stützen. Doch die gerade überall propagierte Liebe zu sich ist in den meisten Fällen nichts als eine narzisstische Verfehlung, die zudem die einfache, aber lebenswichtige Tatsache verschleiert, dass wahres Glück darin besteht, zu lieben und geliebt zu werden.

Leicht ist es nicht. Die Nächte sind blass vom Gewinsel der Unzufriedenen, den Jammereien der zu kurz Gekommenen und den Klagen der ewig Benachteiligten. Perfektionswahn produziert soziale Kälte. Mangelnder Selbstwert führt zu Neid, heimlichem Groll und dumpfem Brüten über den eigenen Status quo. So kommt es vor, dass der murrende Blick nicht mehr über den eigenen Tellerrand hinauszureichen vermag. Verstört vom Hochgeschwindigkeitsspektakel Gegenwart blickt man auf die trübe Suppe, die den unfassbaren Titel »Mein Leben« trägt. Und das soll man auslöffeln, für immer? Deshalb scheinen trotz allem

Alarmismus und dem Gefühl, etwas ganz Großes, Krisenhaftes oder gar Apokalyptisches liege in der Luft, so viele Menschen im Westen gekränkt zu sein, verschnupft und unzufrieden. Als sei etwas Wichtiges ganz und gar nicht in Ordnung und es liege an irgendjemand, das endlich in Ordnung zu bringen. Eine gute Zeit für Volksverhetzer. Oder die unauffällige Beschneidung der bürgerlichen Rechte – denkt doch jeder nur an seine eigenen. Es ist aber auch fies: Entweder du machst alles richtig, oder du bist ein Loser. Dazwischen ist nicht mehr viel. Denn wer es heutzutage nicht geschafft hat, sich in einer einigermaßen komfortablen Zweierbeziehung, neuerdings auch gerne mit Kindern, einzurichten, hat schon verloren im großen Konkurrenzkampf um Status und Publikum. Da hilft nur noch ein ganz exklusives Hobby, echt wahr. Schuhe sammeln?

Und da geht sie dann hin, die Aufmerksamkeit, die wir doch so dringend brauchen als Wachheit und Sorge, die wir Menschen alle zusammen zu tragen haben um die Welt, also umeinander und um die Natur und unsere Mitgeschöpfe. Lieber widmen wir uns der Unzufriedenheit und dem Perfektionswahn und dem verdammten Leistungsdenken. Besonders schlimm ist das damit einhergehende Misstrauen. Es verschwinden nicht nur Großzügigkeit, Mitgefühl und selbstlose Freundlichkeit. Vor allem schwindet in einer zunehmend kontrollsüchtigen Welt das Vertrauen, die Basis aller gelungenen sozialen Interaktion. Ohne Vertrauen wage ich nicht, nach dem Weg zu fragen, wenn ich mich verirrt habe. Ohne Vertrauen glaube ich den Verkäufern nicht und den Politikern noch weniger. Ohne Vertrauen habe ich keine Freunde, sondern nur Leute, die entweder für mich sind oder gegen mich. Denn wenn ich gelernt habe, Menschen nach ihrer Nützlichkeit oder Verfügbarkeit zu beurteilen, gehe ich gleichzeitig davon aus, selbst so beurteilt zu werden. Warum sollte jemand mir etwas Gutes tun, wenn ich selbst nicht mehr dazu bereit bin? Warum sollte ein anderer mir grundlos wohlwollen, wenn ich selbst nicht absichtslos freundlich sein kann? Welchen Grund gibt es überhaupt noch, einem anderen Menschen zu trauen – vor allem, wenn ich mir selbst nicht mehr traue?

Doch was wären wir nur ohne einander? Der schlimmste Feind des Menschen ist nicht der Nächste, sondern die Einsamkeit einer Welt ohne Du. Jedes Kind lernt die Regeln durch die Menschen, die es umgeben. Es tut, was seine Freunde tun, seine Geschwister, wenn es denn welche hat, und seine Eltern. Das Menschentier ist ein nachahmender Lerner und wäre hilflos ohne die, die vor ihm da waren, und ohne die, die gerade mit ihm da sind. Aber es geht nicht nur darum, dass wir alle voneinander abschauen. Wir sind zutiefst soziale Wesen. Wir brauchen einander. Denn wenn es dem einzelnen Menschen nicht möglich ist, in sich eine gültige Schwerkraft zu finden – und es scheint fast unmöglich angesichts aller Widersprüche und Unauslotbarkeiten und des stummen Meeres auf dem Grund jeder Seele –, so ist es doch seltsamerweise immer möglich, auf eine ganz und gar richtige Weise erfasst zu werden durch einen anderen Menschen, der mich erfahren lässt, was es heißt, ich selbst zu sein.

Holger Müller hat lange alleine gelebt. Er ist mittelgroß und mittelblond und arbeitet an einer Universität als wissenschaftlicher Mitarbeiter. Seinen Job macht er gerne, sein Büro gefällt ihm gut und seine letzte Freundin hatte er vor zwei Jahren. Er geht oft mit Kollegen etwas trinken und treibt viel Sport. Surfen, Wandern und seit seinem 30. Geburtstag, der ihm eine erste vage Ahnung vom Alter bescherte, klettert er auch. Doch etwas stimmte nicht. Irgendwann wurde Holger klar, dass es so nicht weitergehen konnte, dass er seines Lebens überdrüssig zu werden drohte. Er begriff, dass er krank war. Einsamkeitskrank. Anders als viele Männer in seiner Situation, die es mit Computerspielen, Online-Dating oder langen Wochenenden in Clubs und Bars versuchen, packte Holger seinen Krempel zusammen und zog in eine WG. »Du wirst verrückt, wenn du zu lange alleine bist«, sagt er immer mit diesem leicht bayerischen Akzent, und seine Freunde belächeln und respektieren ihn zugleich, denn wer wagt es schon zuzugeben, dass er sich nach Gesellschaft sehnt. Jetzt wohnt Holger mit einer Ende 30-jährigen Geologin und einem spanischen Austauschstudenten zusammen, der einen großen Freundeskreis hat. Und etwas, was für Holger vorher unsagbar bedrückend gewesen war, hat begonnen, einfach und leicht und wohltuend zu werden, auf eine Weise, für die sich kaum Worte finden lassen.

»Es ist nicht gut, dass der Mensch alleine sei«, steht schon in der Bibel. Die Schriftstellerin Sybille Berg hat dazu gesagt: »Wer ab 40 noch alleine wohnt, wird wunderlich.« Vor 40 kann es einem allerdings auch passieren. Es ist kein Wunder, dass so viele unheilvolle Konzepte und Pläne allein im dunklen Kämmerlein oder gar Kerkerlein ausgeheckt wurden – man verliert leicht die Perspektive, wenn es keinen gibt, der sie zurechtrückt. Das allzu unbelästigte Ich neigt zur Totalität und Mimosenhaftigkeit gleichermaßen. Wer nicht gestört wird, verstört. Nein, wir brauchen Ablenkung. Vor allem von uns selbst.

Deshalb sind wir aufeinander angewiesen. Und unser Wissen übereinander ist verblüffend groß, wenn auch subtil und nicht direkt verwertbar. Denn obwohl soziale Netzwerke versuchen, menschliche Beziehungen nachzubilden, sind selbst ihre ausgefeiltesten Tools geradezu hinterwälderisch verglichen mit dem Instinkt, den ein Mensch für das Leben seines Freundes hat oder eine Mutter für das Seelenleben ihres Kindes. Wir haben ein *Gespür* füreinander, für das, was sich nicht sagen, aber wahrnehmen lässt.

Iska Pauls hat ihren Weg verloren. Seit drei Jahren lebt sie mit einem Musiker zusammen, der sie weder liebt noch gut behandelt, die Wohnung ist eng, er ist oft fort und verdient wenig. Sie haben keine Kinder. Iska ist viel alleine und weiß nicht genau, wie das alles geschehen konnte. Sie ist schon über 40, ihre feingliedrigen Hände verkrampfen sich, wenn sie von allem spricht, so als müssten sie etwas ausdrücken, für das sie selbst keine Worte finden kann. Gerade arbeitet sie für einen Online-Versandhandel, vorher war sie Aushilfssekretärin bei einer PR-Agentur, jeder Job so belanglos und austauschbar wie die billige Kleidung, die sie angefangen hat gehäuft zu kaufen, Tops und Pullover und Hosen. Als würde es genügen, eine neue Farbe überzuziehen, um etwas zu ändern, was, da ist ihre Freundin Esma Gül ganz unerbittlich, nicht mehr länger zu ertragen ist. Die beiden kennen sich noch aus der Schule, und während Iska kein Verhältnis zu ihrer Arbeit hat und sich von ihrem

Freund schlecht behandeln lässt, ist Esma immer noch sehr glücklich mit dem jungen Jeremy und zieht große Befriedigung aus ihrer Malerei. »Du musst dein Leben ändern«, sagt Esma ganz ernst, wenn Iska wieder anfängt sich einzureden, dass alles doch so schlimm gar nicht sei. »Nein«, sagt Esma dann, »es ist wirklich schlimm und dir geht es schlecht und vor allem hast du, meine Liebe, wirklich Besseres verdient.« Während Iska sich aus den Augen verloren hat, hält Esma eisern fest, an ihrer Freundin, an deren Träumen und Wünschen und Sehnsüchten. »Ich bin für dich da«, sagt sie Iska immer wieder, »ich helfe dir, eine neue Wohnung zu finden und den Umzug zu machen und da endlich herauszukommen, weil, das sage ich dir, bis du mir endlich zuhörst, es so nicht weitergeht.«

Ein guter Freund ist jemand, der einen an einen selbst erinnert, wenn man sich aus den Augen verloren hat. In jeder Freundschaft weiß man um den anderen, darum, wie es ihm nach außen hin geht und wie es wirklich um ihn steht. So wie es ein Wissen um das eigene Befinden gibt, wenn man den Mut hat, sich selbst zu antworten, gibt es ein Wissen um das des anderen. Dieser Blick ist unersetzlich, vor allem, weil es manchmal leichter ist, sich selbst zu täuschen als einen Menschen, der einem nahesteht. Eine Zeit, die diese soziale Energie auf die Fragen nach Nützlichkeit oder sexueller Attraktivität beziehungsweise Verfügbarkeit reduziert, ist nicht nur widerwärtig, sondern beraubt die ihr unbedacht Folgenden auch aller Erfahrungen von Fürsorge, Loyalität und Großzügigkeit.

Es ist ja trotzdem nicht leicht miteinander. Holgers Mitbewohner ist unfähig, die Toilette zu spülen, wenn er getrunken hat, Holger selbst dreht die Musik immer zu laut auf und die Geologin hat einen entsetzlichen Männergeschmack. Einerseits könnte man sagen, da passiert wenigstens etwas. Denn gehört nicht zum Unerträglichsten des gut eingerichteten Single-Lebens der Umstand, dass eben nichts passiert und es einfach immer so weitergeht? Andererseits ist das alles auch ganz unerträglich, diese ganzen anderen Menschen und ihre blöden Gewohnheiten und Geschichten und Gerüche.

Kira Kraft ist erfolgreich als Art-Direktorin, die Haare kurz, die Augen dunkel und die Garderobe ausgesucht. Sie erzählt: »Als ich ein kleines Mädchen war, habe ich mir immer gewünscht, es möge sich die Erde auftun und alle Menschen verschlingen bis auf meine Schwester, meine Mutter und mich.« Es ist auch irgendwie verständlich, die ganze Mitbevölkerung zum Teufel zu wünschen. Spaß macht es allerdings nur, wenn man die auf diese Weise gewonnene Welt mit einigen exklusiven anderen teilen kann – der letzte Mensch auf Erden zu sein, ist eher Szenario für einen Horrorfilm oder Anlass, über die Sozialkompetenz von Pflanzen, Tieren oder Robotern nachzudenken.

Traurig ist sie, die Welt ohne Du. Und dieses Du, der lebende atmende Andere ist genau das, was sich nicht virtualisieren lässt. Echte Anwesenheit ist unersetzbar. Nur das lebendige Du ist fähig, mich auf eine Weise zu erfassen, die mir weder Gewalt antut noch auf mich hereinfällt. Deshalb bräuchte es eigentlich nur zwei Menschen, die sich mögen und sich die Wahrheit sagen, um einige vormalig religiös geprägte Praktiken im humanistischen Sinne zu regeln. Auch wenn die Kirche ihre Macht verloren hat – eine

Sehnsucht nach Entlastung und Ermahnung bleibt bestehen. Wir brauchen Erlösung und wir brauchen Trost. Die gute Nachricht ist, dass ein anderer Mensch theoretisch vollkommen ausreicht. Hier kann ich beichten, egal ob eine Dummheit, einen Betrug oder schlimme Gedanken. Hier bekomme ich Vergebung und manchmal sogar einen guten Rat. Hier darf ich zuhören, und werde dadurch von mir selbst befreit. Hier werde ich an mich selbst erinnert, wenn ich verlorengegangen bin, und an meine oder ganz allgemeine Grundsätze, wenn ich sie zu vergessen drohe. Hier werde ich zur Rechenschaft gezogen und gewogen. Und vor allem angenommen, denn am wichtigsten ist es doch, sich in seiner ganzen Widersprüchlichkeit und Verletzlichkeit zu zeigen und trotzdem geliebt zu werden.

Der andere Mensch erdet mich auf eine Weise, die meine Lebendigkeit nicht verletzen muss, obwohl es natürlich dauernd passiert, dass irgendwas und irgendwer schrecklich verletzt wird, sonst gäbe es ja auch nichts mehr zu erzählen. Diese Verletzungen tragen wir mit uns herum, sie sind die Schuld, die wir auf uns laden, und die Vergebung, die wir uns erhoffen, und die Sehnsucht, die wir nacheinander haben, nach der Wärme und den Geschichten und dem Ende der Einsamkeit.

Es ist dunkel geworden. Der Tod hat die kleine Lampe auf deinem Couchtisch angemacht und blättert in einem Magazin. Seine dürren Hände bewegen die Seiten in einem langsamen, gleichmäßigen Rhythmus. Dann legt er das Magazin beiseite und schaut dich an. Dabei gehen dir seine letzten Worte im Kopf herum: »Woran willst du dich erinnern, wenn wir uns wiedersehen?« Du schaust ihn an, er blickt zurück, entspannt und neugierig zugleich. Er ist nicht *dein* Tod, aber du denkst an deinen Tod und an die glücklichen Momente deines Lebens, die Schätze, die du jetzt schon vor ihm ausbreiten könntest. Wie sehen sie aus, diese glücklichen Momente? Welche Erlebnisse sind es wert, hier erwähnt zu werden? Manchmal sind es persönliche Errungenschaften, weißt du noch, wie ich dieses oder jenes erreicht oder geschafft oder bestanden habe, aber schnell kehren die Gedanken doch zu allem zurück, was Liebe ist und Abenteuer und gemeinsam verbrachte Zeit. Weißt du noch, wie wir als Teenager rumgesessen sind an diesem alten Spielplatz mit dem Bier in der Hand, weißt du noch, wie wir zusammen verreist sind auf diese kleine Insel im Süden, weißt du noch, wie du mir gesagt hast, dass du schwanger bist, den Job bekommst, verlierst, dass du mich liebst, dass du mich verlässt, dass du mich brauchst, weißt du noch?

Die besten Momente haben alle eines gemeinsam: Wir verbringen sie nicht alleine, sondern mit anderen Menschen. Ob mit einem ganz bestimmten anderen oder in einer Gruppe: Familie, Freunde, Kollegen, die Mitglieder im Sportverein, die anderen vom Yogakurs oder aus der Schulklasse, mit der man vor vielen Jahren in eine kleine Stadt gefahren ist. Es können aber auch wie bei Sportreporter Darius Voigt Erinnerungen an die WM 2006 sein oder die EM 2012, wo er mit einer Masse von anderen zusammen jubelte und für einen Moment dachte, Deutschland könnte den Titel holen. Ob ein anderer oder viele andere, ob im Guten oder Schlechten – gegenseitig geben wir unseren Leben Bedeutung.

Das betrifft nicht nur die gemeinsame Freude, sondern

auch das, was wir jemandem schulden an Anerkennung, Erklärung, Entschuldigung. Die eigene Schuld vergisst man nie. Ich erinnere mich an das kleine pakistanische Mädchen, das wir in der Grundschule gemobbt haben. Man erinnert sich an Liebeslügen und ungesagte Worte und Beziehungen, die einfach zerbrochen sind, ohne dass sich der eine oder andere die Mühe gemacht hätte, etwas wieder in Ordnung zu bringen. Man denkt an die Eltern, die manchmal noch leben, manchmal schon tot sind, die Großeltern, die Geschwister. Man denkt an das, was man für sich behalten hat, an die Wut und an den Schmerz und an die Dinge, für die man um Verzeihung bitten will. Man denkt an die Liebe, die einem manchmal einfach im Hals steckengeblieben ist, und an die einfachen Worte, um die es geht: »Ich bin so froh, dass ich dich hab.« – »Du bereicherst mein Leben.« – »Ich liebe dich.«

Der Tod hilft dabei, sich an das zu erinnern, was man nicht verpassen möchte. An das, was man nicht versäumen darf, ein Liebesgeständnis, eine Entschuldigung, eine wichtige Frage und immer auch: ein wahres Wort, das endlich ausgesprochen wird. All das bedeutet, das Leben ernst zu nehmen, sein Gewicht, seine Endlichkeit. Denn es ist noch nicht zu spät, es ist noch Zeit, sich an das Wesentliche zu erinnern. Und an alles, was es dann noch zu tun und zu sagen und zu wagen gibt: Gefühle können ausgesprochen, Verpasstes kann nachgeholt, Fehler können korrigiert werden. Der Tod ist ein guter Berater, weil seine Gegenwart hilft, das Wichtige vom Unwichtigen zu trennen.

Mario Metzinger hat ein schwieriges Verhältnis zu seinem Vater, der ihn für einen Versager hält. Mario hält seinen Vater für einen Egomanen, dem wichtiger ist, wie seine Kinder dastehen, als wie es ihnen wirklich geht. Damit hat er recht. Marios Schwester Natalia, die mit einem strauchelnden Alkoholiker verheiratet ist, kann die Sache mit der Familienehre schon lange nicht mehr herumreißen. So bleibt es doch an Mario hängen, der lange dunkle Haare hat, eine große, leicht schiefe Nase und so schön geschwungene Lippen, dass wenigstens die Frauen ihn vorbehaltlos lieben. Der Vater leitet ein großes Unternehmen und ist das, was man früher einen Patriarchen genannt hat und später einen Tyrannen. Mario hat mit der desinteressierten Unterstützung seines Vaters an einer renommierten Akademie Kunst studiert und ist recht erfolgreich damit, Müllberge in Öl auf große Leinwände zu malen. Die Mutter ist früh gestorben und der Vater schwankt schon lange zwischen Enttäuschung und Wut auf seine beiden Blagen, die nichts Rechtes zustande zu bringen scheinen, und der zweite Herzinfarkt klopft immer lauter an die Tür. »Ich liebe ihn und ich hasse ihn«, sagt Mario, wenn er über seinen Vater spricht. Er hat schon eine Psychoanalyse und zwei Familienaufstellungen gemacht und begriffen, dass es der Alte auch nicht leicht hatte, Nachkriegsgeneration, alles selbst erarbeitet, aber dennoch: Die Versöhnung ist fern und die Liebe noch ferner.

Was macht man da? Es weiter versuchen, über den eigenen Schatten springen, einen alten Mann sehen, der Angst vor dem Tod hat? Es ist niemals einfach, sich um einen anderen Menschen zu bemühen, es kostet was vom eigenen Stolz und von der Selbstgerechtigkeit. Aber wie schrieb neulich jemand auf Twitter? »Bei einem Streit einzulenken bedeutet, den anderen mehr zu schätzen als das eigene Ego.«

Richtig oder falsch sind nicht unbedingt hilfreiche Modi des zwischenmenschlichen Umgangs. Genau zu diesem einfachen Denken verleiten ja Konzepte wie »hot or not« oder »nützlich vs. unbrauchbar«. Es geht vielmehr um lebendige Beziehungen, die wir Menschen miteinander haben und pflegen müssen. Beziehungen, die sich entspinnen im kleinsten Kreis und größer werden, wenn man darüber nachdenkt, dass auch der Mensch am anderen Ende der Welt Wünsche hat und hofft und empfindet. Wir sind einander verpflichtet, weil wir einander verstehen können und weil wir uns, so einmalig jeder Einzelne auch ist, so ähnlich sind in unseren Grundbedürfnissen. Das lässt jedes Du zu einem unersetzlichen Anker werden: Wer soll mich denn festhalten, wenn nicht der Blick eines anderen, der so ist wie ich und zugleich vollkommen anders?

Die Begegnung mit dem Anderen ist die erste und notwendigste Maßnahme gegen das Aufkommen des Monadenwesens, das der nur mehr Eigenes erfahrende und gelten lassende Narzisst zu werden droht, oder des traurigen Steins, der für immer alleine zu bleiben fürchtet. Denn so beginnen alle Geschichten: »Ein Junge liebt ein Mädchen …«, »Es waren mal zwei Freunde …« oder »Als meine Schwester anfing, sich für Make-up zu interessieren …« Immer ist da ein anderer, das Rad der Beziehungen dreht sich, Freundschaften entstehen, Liebschaften zerbrechen, all das füllt die Magazine und Fernsehkanäle und sollte sich doch vor allem abbilden in dem, was man *das eigene Leben* nennt.

Damit man nicht so alleine ist. Denn das ist doch einfach nicht dauerhaft auszuhalten, auch wenn es, wie im Fall von Alva Elbers oder Cindy Buschpfeifer oder wie sie alle heißen, vielleicht ganz schön anzusehen ist. Die Brücken zum Anderen müssen geschlagen werden, weil sonst nichts bleibt als heiße Luft oder ein kalter Hauch.

Doch das muss man manchmal erst wieder lernen, wie man kommuniziert und sich mitteilt auf eine Weise, die nicht mehr mitmacht im großen »Alles-so-erfolgreich-hier«. Und wie man es dadurch wagt und verwirklicht, das eigene kleine Leben vom großen Strom des Allgemeinen in den dreckigen kleinen Fluss des Besonderen zu ziehen, so gültig und banal wie der erste Beitrag zur eigenen Altersvorsorge.

Warum ist es denn so schwer, sich nahezukommen? Vielleicht auch, weil es nicht ohne Folgen bleibt. Ob in der Freundschaft oder in der Liebe, es werden Spuren hinterlassen, Gesten springen von einem zum anderen, ein fremdes Lächeln taucht unversehens auf dem eigenen Gesicht auf. Worte huschen leichtfüßig hin und her; wie man sich ansteckt am anderen, an seiner Sprache, seinen Gedanken, seinen Blicken. Ein schmutziges Geschäft ist diese Nähe und alles, was mit ihr zusammenhängt. Und sie braucht Zeit, die Nähe, was so leicht vergessen wird in der schnellen Kommunikation des Netzes. Man muss einen anderen doch erst mal *kennenlernen*, in Momenten der Geselligkeit, in privaten Gesprächen, wenn es ihm schlechtgeht und wenn er sich freut. Unsere Seele macht bessere Bilder als ein Künstler, aber sie ist wie eine Kamera mit monate- oder gar jahrelanger Belichtungszeit. Jeder Mensch ist eine

Landschaft, die man zu Fuß bereisen muss, um sie zu begreifen. Nähe ist das Ergebnis eines Prozesses von Vertrauen und Versicherung: ein langsames Aufeinander-Zugehen. Man könnte von einer Art Zähmung sprechen, dass ich dein einer werde und du mein anderer. Dass man sich traut, einander zu gehören und anzugehören. Und vielleicht ist das auch das Erschreckende, weil es dann auf einmal nicht mehr egal ist, was der andere denkt und sagt, sondern mein Wohlbefinden an seine Anwesenheit gekoppelt ist und ich abhängig bin von ihm. Der andere ist wichtig, er hat Macht über mich, er ist nicht austauschbar und zwingt mich zugleich, mich festzulegen. Alle Formen der Liebe wollen Ewigkeit – was ist ein Freund, der sich mit einem Haltbarkeitsdatum versieht?

Der andere Mensch ist auch Risiko und Herausforderung. Vor allem, weil man ihm vertrauen muss. Dieses Vertrauen ist ein Handeln, ohne zu wissen, denn man muss sich in die Hände des anderen begeben, auch auf die Gefahr hin, fallen gelassen zu werden. Oder aufgefangen, denn das ist es doch meistens: dass wir einander auffangen und aufrichten, dass wir uns bereichern und unterstützen und zurechtrücken. Diese Form der Liebe ist bedroht dieser Tage, weil auch die Liebe leicht und konsumierbar sein soll, vergnüglich, schmerzfrei, angenehm. Dabei ist es doch fast eine Gewalt, in einen Fremden hineinzugeraten und bereichert, aber auch unwiderruflich verwandelt zu werden. Oder es ruft eine Freundin an und will stundenlang über etwas Saublödes reden. Oder ein Freund hat eine ganz schlimme Phase voller Selbsthass und Brüterei und dann wird die Mutter einer anderen Freundin krank und stirbt langsam vor sich hin und man steht da mit all dem fremden Leid, das zum eigenen geworden ist, verdammte Liebe.

Oskar Römer ist verliebt in Petra Baaske. Schon seit vier Jahren geht das mit den beiden, vor einigen Monaten sind sie zusammengezogen. Er ist freiberuflicher Reisejournalist und sie arbeitet bei einer NGO, die sich mit Lebensmittelkontrolle beschäftigt. Gerade haben sie erfahren, dass Petra schwanger ist, eine kleine Frau mit dunkler Haut und vielen Sommersprossen. Er ist ebenfalls nicht besonders groß, seine halblangen Haare hat er nach hinten gekämmt und sein Spezialgebiet ist Südostasien. Vor jeder Reise freut er sich wie ein kleines Kind, und diese nie nachlassende Begeisterung gibt seinen Artikeln ihre besondere Atmosphäre. Seitdem er weiß, dass Petra schwanger ist, aber eigentlich schon vorher, hat Oskar angefangen, über seine berufliche Flexibilität und Mobilität nachzudenken. Ein Auftraggeber wollte ihn für eine längere Reise in den amerikanischen Westen schicken. Aber Oskar hat abgelehnt, weil er, wie er es einem Freund gegenüber formulierte, seine Freundin nicht so lange alleine lassen wollte.

So ist das mit der Liebe. Sie mag beschwingen, aber diese Flügel tragen die Liebenden zueinander, nicht voneinander weg. Zuerst kommt das Bekenntnis zum anderen. Man stellt sich vor die Welt hin und sagt: Dieser Mensch ist mein Freund, mein Partner, mein Geliebter. Hierher gehöre ich, das ist mein Heim, etwas, das mich betrifft und zu dem ich stehe. Dieses Bekenntnis ist weder flexibel noch austauschbar, es markiert mich und den anderen und unser Verhältnis als echt und wahr und gültig. Auch das ist beängstigend, lebt die Gegenwart doch von den glitzernden Versprechungen steter Steigerung und Optimierbarkeit, was letzten Endes nur bedeutet, den anderen so lange zu lieben oder zu schätzen, bis sich etwas Besseres findet. Echte Liebe bleibt. Sie hockt und harrt und dauert. Sie ist ein klebriges Biest, das sich am anderen festbackt und ihn nicht mehr lassen will, und damit das Gegenteil aller Austauschbarkeit. Weil es dich nur einmal gibt, weil es jeden Menschen nur einmal gibt, weil jede Liebesgeschichte anders und einmalig ist.

Die Welt ist voll von Menschen, die alle die Liebe suchen, manche erfolgreich, viele vergeblich, denn die Liebe kann man nicht suchen, sie findet einen. Der Philosoph Alain Badiou spricht in seinem Buch *Lob der Liebe* davon, den Zufall einer Begegnung – und es gibt immer eine erste Begegnung – in einen Anfang zu verwandeln. Er schreibt: »Ich werde aus dem, was ein Zufall war, etwas anderes machen. Ich werde daraus eine Dauer, eine Hartnäckigkeit, eine Verpflichtung, eine Treue machen.« Die Treue, von der er spricht, ist eine Treue zum Ereignis der Begegnung, und die Liebeserklärung, die er formuliert, muss an jedem Punkt der Liebe wiederholt werden: Ausgehen, Reisen, Kinder, Altwerden – das Leben eines Paares. Mühsam sei es, an der Liebe zu arbeiten, und doch die Möglichkeit eines Punkt für Punkt eroberten Glücks. »Zu lieben bedeutet auch – jenseits jeder Einsamkeit –, in Kontakt mit dem zu stehen, was in der Welt das Dasein mit Leben erfüllen kann.«

»Egoismus ist der größte Feind der Liebe«, schreibt Badiou, und das ist so banal wie notwendig auszusprechen, weil es doch so leicht ist, sich zu fragen, was der andere für einen selbst tut und sein kann, und so schwierig, das Gegenteil zu denken. Die Liebe hat viele Feinde dieser Tage, obwohl die Netze, in denen sie sich verfangen soll, immer engmaschiger werden. Aber sie lässt sich nicht einfangen, nicht reduzieren auf hirnchemische Vorgänge oder ein passendes Profil bei der Online-Partnersuche. Sie entzieht sich aller Berechenbarkeit. Das ist ihre zutiefst anarchische Kraft – Leben hat sie zerstört, Ehen zerrüttet und Menschen in den Tod getrieben. Aber das sind vielleicht auch Geschichten von einem Früher, das es schon lange nicht mehr gibt. Wer würde denn heute noch aus Liebe sterben?

Aber es gibt sie noch, die Liebe und die Treue und die Unersetzbarkeit. Und das ist gefährlich, weil man dann vielleicht ertragen muss, dass etwas, das schön und wahr war, plötzlich nicht mehr da ist wie bei Quintina Probst, einer jungen Ärztin, deren Lebensgefährtin mit Mitte 30 auf dem Golfplatz zusammenbrach, Hirnblutung, sofort tot. Und da steht man nun, alleine, und der andere ist weg und kommt nicht wieder, und diese immer drohende Möglichkeit von Krankheit, Verlust und Tod spielt hinein in den Respekt, den wir dem Lebenden schulden und schulden müssten. Was wissen wir schon von der Dauer und der jähen Brutalität, die immer wieder einbricht in das, was so verheißungsvoll Normalität genannt wird und doch nichts ist als ein unstabiles Gleichgewicht, von Verfall und Wandel bedroht. Genau deshalb hat man sie wohl so gerne, die Berechenbarkeit, die Sicherheit, die Kontrolle, und beraubt sich dadurch doch genau dessen, was zugleich Preis und Wert aller Beziehungen ist: ihrer Lebendigkeit. Doch alles Lebendige braucht Aufmerksamkeit und lebt von dieser Aufmerksamkeit. Mehr noch, es ist auf eine subtile und dennoch wirkmächtige Weise Produkt dieser Aufmerksamkeit. Es macht etwas mit einem anderen, wenn ich so oder so über ihn denke, genau wie das Bild, das ich von mir selbst habe, etwas mit mir selbst anstellt. Je engmaschiger und eindeutiger diese Bewertungen sind, desto mehr wird das Lebendige zu etwas Totem. Desto begrenzter wird der Spielraum zwischen dir und mir und desto matter und fahler wird die ganze Angelegenheit. Daran zu glauben, dass alles gerade so und nicht anders sein dürfe, ist der erste Schritt dahin, es auch wahr zu machen: eine leere graue Welt im Takt seelenloser Maschinen, bevölkert von Menschen, die sich selbst und einander aus den Augen verloren haben. Eine Welt ohne Vertrauen, ohne Mitgefühl und ohne Liebe. Aber so ist es ja nicht, noch nicht, weil das Lebendige immer auch der *Widerstand* ist, der störrische Körper und die wuchernde Natur und das widerspenstige Selbst, das sich nicht hineinpressen lassen will in Nummern und Zahlen und biometrische Daten. Doch vor allem das geliebte Du, das unersetzliche Du, dessentwegen man doch ans andere Ende der Welt ziehen würde, wenn es denn sein müsste, oder den Verlockungen, ebendieses zu tun, tapfer widersteht, wie der Journalist Oskar Römer seinen Reisen.

Doch wie vermeidet man es, irgendwann aufzuwachen und zu einer friedlichen amöbenhaften Einheit verschmolzen zu sein, die irgendwann nichts anderes mehr tut, als bei laufendem Fernseher dahinzusiechen? Wie schafft man es, dass die Liebe frisch bleibt? Das ist doch die Frage, und aller Anfang ist, sie zu stellen, sie für wichtig zu halten, weil sie für alle Formen menschlicher Beziehungen gilt. Wie bleiben die Dinge lebendig und in Bewegung und zugleich vertraut genug, um das eigene und fremde Sicherheitsbedürfnis zu befriedigen?

Es beginnt mit der Aufmerksamkeit für den anderen, jener Sensibilität, Wachheit und Neugier, ohne die das Leben keine Würze besitzt und keinen Geschmack. Ist nicht alles ständig in Bewegung und wandelt sich, und ist nicht der andere trotz allem immer einen Wimpernschlag weiter entfernt, als man noch vor einer Sekunde dachte? So wird man sich bewusst, dass doch alles immer zur Wahl steht und immer wieder aus freien Stücken bejaht werden muss. Nur dieses Wechselspiel aus Fremdheit und Nähe scheint zu halten, was wir einander versprechen müssen: dass wir neugierig sind und verlässlich zugleich. Dass wir einander brauchen und dennoch nicht aufbrauchen in dem vergeblichen Versuch, ein seinem Wesen nach unsicheres Leben mit sicheren Inhalten, beruhigenden Bildern und statistenartigen Menschen auszustatten. So schafft man es, dem anderen sein Geheimnis zu lassen und von ihm oder ihr immer wieder als solches erkannt zu werden, in dieser spielerischen Freude, die alle gelingenden Beziehungen ausmacht. Es geht also nicht nur um Intimität und Vertrautheit, es geht ebenso um Distanz, weil nur ein Idiot glaubt, dass es möglich ist, alles über einen anderen zu wissen. Oder über sich selbst. Das ist nicht nur langweilig, sondern auch falsch. Denn der Mensch ist das unbestimmte Tier. Und das unbestimmbare. Wir sind *weird*, der eine mehr, der andere weniger. Kant sagte dazu: »Der Mensch ist aus krummem Holz gemacht.« Wir brauchen einander nicht nur, um zu schmusen und zu sprechen und den Atem zu teilen, sondern auch als handfesten Halt, so wie zwei schiefe Bäume sich stützen.

Als ob wir nicht wüssten, dass wir alle seltsam sind und komische Bedürfnisse haben. Diese ganzen ausgerichteten, leistungsbereiten und ständig an sich arbeitenden Menschen sind doch nichts als eine Gespenstergeschichte für Erwachsene, die zu lange im Internet gesurft haben. Wir sind eigentlich ganz anders. Wir meinen es gut. Wir glauben an die Zukunft. Und an die große Liebe. Zu Recht. Neurowissenschaftler haben nachgewiesen, dass eine leidenschaftliche Liebe jahrzehntelang dauern kann. Aber wie? In ihrem Buch *Schmutzige Gedanken. Wie unser Gehirn Liebe, Sex und Partnerschaft beeinflusst* schreibt die Wissenschaftsjournalistin Kayt Sukel: »In einer idealen Beziehung sorgt jeder dafür, dass der andere das bekommt, was er braucht.« Das ist doch wirklich eine revolutionäre Idee. Wir leben ja in der Zeit von »Wenn jeder für sich sorgt, ist an alle gedacht«. Doch es geht besser. Denn wenn jeder sich um den anderen kümmert, wäre ebenfalls für alle gesorgt. Man könnte ja klein anfangen. Ein Mensch würde schon genügen. Und wäre es nicht eine große Entlastung, nicht immer alles selber machen zu müssen?

5. Kapitel

ALS OB WIR ES NICHT WÜSSTEN

oder vom Verschwinden der Schönheit, der Sprache und des Sinns und von der Notwendigkeit einer poetischen Revolution

Das Zeitalter des optimierten Menschen ist bestimmt durch Selbstverherrlichung, Bildwerdung und Todesflucht. Um vor dem Tod zu fliehen, verwandelt sich der Mensch selbst in etwas Totes – in ein Bild. Dadurch verfehlt er sich und hat zugleich jeden Abstand zu sich selbst und zur Welt verloren. Er ist *total* geworden. Dabei hat er sein Ich fixiert und transparent gemacht. Die Digitalisierung hingegen hat die Kultur fixiert und transparent gemacht. Alles existiert gleichzeitig und gleichwertig nebeneinander und wird zugleich in immer kürzeren Abständen als Novität verkauft – von den T-Shirts der 80er über den lässigen Popjargon der 90er bis hin zum Auftauchen und wieder Verschwinden des Hipsters im frühen 21. Jahrhundert. In einer solchen Zeit gibt es nichts wirklich Neues mehr, sondern nur Variationen des Gleichen. Auch der optimierte Mensch ist dazu verdammt, immer und unter allen Umständen er selbst zu sein. Das Leben hat sich in eine Art lösbares Problem verwandelt, das durch die richtige Einstellung und nicht nachlassende Leistungsbereitschaft garantiert bewältigt werden kann. Für alles gibt es Anweisungen, und an allem Versagen ist man selber schuld.

Als ob wir nicht wüssten, wo das Unbehagen herkommt. Als ob es nicht beunruhigend wäre, zu sehen, wie wir Menschen uns freiwillig in Ich-AGs verwandeln, in kleine strebsame Unternehmen, die auf einen *Love-Merger* spekulieren, ihr soziales Kapital kalkulieren und in ihre eigene Zukunft investieren. Überall wird analysiert, motiviert und therapiert, bis die verdammte Maschine läuft, sonst drohen Bankrott und Ausmusterung. Dass wir dadurch alle gemeinsam, wenn auch nicht Verursacher, so doch Akteure und Mitläufer einer Weltordnung sind, die alles ausgrenzt, was schwach, unkonventionell oder unverwertbar ist und dem Leben alles zu entziehen droht, was ihm Tiefe, Geist und Format verleiht, trägt ebenfalls nicht zur guten Stimmung bei. Als ob wir das nicht besser könnten. Als ob wir echt so leben wollten. Das kann doch alles nicht wahr sein! Oder?

Doch der Markt will Eindeutigkeit und der Mensch, der will es auch. Dabei kreuzen sich die Logik des Kapitalismus und der Versuch, anstatt dem fernen Gott zu gehorchen, den nahen Menschen zu beobachten, zu deuten und zu kontrollieren. Vielleicht ist es ja auch irgendwie das Gleiche, denn alles, was erkennbar oder tauschbar sein soll, muss erst rationalisiert, also verfügbar gemacht werden. Alles wird sichtbar. Alles wird bestimmt. Alles wird *eins*. Auch Arbeit und Freizeit haben sich vermischt zu einem ausweglos erscheinenden Hybrid, das durch ständige Erreichbar- und Verfügbarkeit gekennzeichnet ist. Öffentliches und Privates vermischen sich ebenfalls, indem mehr und mehr Privates veröffentlicht und die Öffentlichkeit mehr und mehr privatisiert wird. Zugleich zwingt diese seltsame Totalität aus allumfassender Kapitalisierung und ebenso allumfassender Bildwerdung den Einzelnen, sich ebenfalls zu kapitalisieren und zu veröffentlichen.

Das gleichzeitige Verschwinden der *Öffentlichkeit* ist auch ein Verschwinden einer kulturellen Objektivität, was seltsam ist, weil es zugleich nichts Objektiveres gibt als Preise, Bilder und Bezifferungen. Man sagt, dass sich über Geschmack nicht streiten lässt. Das lässt sich auf zwei Arten verstehen: Zum einen könnte es heißen, dass jeder einen eigenen Geschmack hat, und das ist natürlich richtig, wenn es um Käse oder Liebe oder Farben geht. Zum anderen könnte man den Satz so deuten, dass man sich über Geschmack nicht streiten kann, weil es gewisse Übereinkünfte bezüglich dessen gibt, was förderlich, bekömmlich und sinnvoll ist und was dagegen schädlich ist, stil- und würdelos. Genau diese Art von Geschmack scheint verlorenzugehen in einer Zeit, in der sich Teenager auf Laufstegen räkeln, um sich nach den Kriterien von »hot or not« beurteilen zu lassen, in der Menschen die Ultraschallaufnahmen ihrer Babys auf Facebook posten und andere ihre Jungfräulichkeit auf eBay versteigern.

Ist ja alles nicht so schlimm, es macht halt jeder, wonach ihm ist. Und sagt auch jeder seine Meinung, wie ihm der Schnabel gewachsen ist. Überhaupt, die Meinung. Die ist ganz wichtig geworden dieser Tage, ist sie doch vor allem: mein. Es geht nicht mehr darum, was die Dinge an sich bedeuten, sondern nur noch, was sie für mich bedeuten. »Der Narzisst ertrinkt in seiner eigenen Welt«, schreibt der Philosoph Byung-Chul Han. Diese Welt ist durch den Verlust des anderen Menschen gekennzeichnet und enthält nur noch sich selbst. Es gibt kein Begehren mehr, weil man nur den Anderen begehren könne, und ebendieser Andere ist unmöglich geworden, weil er sich niemals abbilden lässt in der Welt des von sich selbst besessenen Ichs. Da sind sie dann, die Monaden und die traurigen Steine mit ihrer fordernden Empfindsamkeit, die alles, was ein bisschen anders aussieht oder riecht oder schmeckt, geradezu als Majestätsbeleidigung empfinden. Und so wächst auch, aller Globalisierung zum Trotz, eine diffuse *Fremdenfeindlichkeit*, die sich sowohl auf den fremden Anderen wie auch auf das Fremde in uns bezieht. Letzten Endes muss alles, was irgendwie *stört*, beseitigt werden. Das führt einerseits dazu, dass alle immer *gestörter* werden und die Liebe als Störung par excellence immer seltener durchdringt. Andererseits wird es dadurch fader und immer fader im privaten und im öffentlichen Raum; die Eleganz verschwindet, die Raucher und die Albernheit, aber die Bettler, die bleiben. Und werden mehr, weil eine vollkommen ökonomisierte Welt ebenfalls nur noch zwei Daseinsformen kennt: Arme und Reiche oder Winner und Loser.

Auf der einen Seite Kapitalisierung, auf der anderen Bildwerdung und der beiden Kräften gemeinsame Wunsch nach Eindeutigkeit. Dazwischen stehen wir Menschen und die Frage, was dadurch verlorengeht. Auf der Strecke bleiben zunächst alle Formen von Negativität. Das reicht von gültigen Unterscheidungen zwischen dem Brauchbaren und dem Verwerflichen bis zu den Schattenseiten der Dinge, die niemals nur eines, sondern immer auch das andere sind. Auch die negativen Emotionen verschwinden, denn man muss sich nicht nur ständig zum Markt tragen, man hat auch noch gutgelaunt zu sein dabei. Die therapeutische Kultur hilft bei der Selbstausleuchtung, die immer auch dazu dient, mögliche Probleme zu beseitigen. Also zunächst alles, was der eigenen Arbeits- und Konsumfähigkeit im Wege steht. Das Versagen und seine bitteren, kostbaren Lektionen verschwinden. Der Fehler verschwindet. Er wird vorhergesehen, vermieden, ausgemerzt, sind doch Überwachung und Kontrolle darauf ausgerichtet, die Zukunft sowohl vorherzusehen als auch zu beeinflussen.

Es verschwindet die Traurigkeit, besonders die grundlose. Es verschwinden die Melancholie und das Bangen und die Angst. Von vorneherein werden sie abgeblockt und vermieden anstatt durchgestanden und überwunden. Bedroht sind auch Leid und Schmerz, vor allem, wenn es um die Liebe geht, die angenehm zu sein hat und benutzerfreundlich. Leid hat aber auch sonst eine Art Ablaufdatum bekommen. Es ist total in Ordnung, ein bisschen zu trauern, durch das Gefühl hindurchzugehen, es zu verarbeiten, aber dann geht es bitte wieder wohlgemut und vor allem leistungsbereit weiter. Wir wissen doch, wie es richtig geht. Loslassen, einfach loslassen. In der Gegenwart leben, Heilung annehmen und lange Spaziergänge machen! Noch nie standen uns Menschen so viele Glücks- und Lebensratgeber und Gute-Laune-Tipps zur Verfügung. Es ist doch alles ganz einfach: gutes leichtes Essen, viel Bewegung, Selbstverwirklichung im Beruf, die Liebe finden und eine Familie gründen und einen großen Freundeskreis haben und pflegen. Und so weiter. Und wenn es nicht klappt, bist du ganz alleine schuld, also streng dich an.

Der Tod verschwindet, vertrieben von der Angst vor

einer Endlichkeit ohne Gott und den daraus resultierenden Versuchen, das ewige Leben schon bei Lebzeiten anzutreten. Fitness, Gesundheit und asketischer Verzicht auf alles Gefährdende sind nur die ersten Schritte. Aus Angst vor dem Tod sterben immer mehr Menschen schon zu Lebzeiten. Man nennt sie dann Untote. Oder Zombies. Die Spuren des echten Todes jedoch werden zunehmend beseitigt, die Leichen werden nicht mehr aufgebahrt, sondern irgendwo den Blicken entzogen gelagert und dann begraben oder verbrannt. Anstößig ist das Sterben geworden und verstecken muss es sich. Dass es dann immer ganz konkret und ganz real in das Leben des Einzelnen einbricht, ändert nichts an der Tatsache, dass unsere Kultur begonnen hat, einen großen Bogen um den Tod zu machen. Und dadurch auch die Hinterbliebenen ziemlich alleinlässt. Doch vor allem ist der Tod die absolute Negativität, das absolut Andere. Ihn zu missachten heißt, das Leben selbst zu verfehlen, sein Werden und Vergehen, den Rhythmus der Existenz. Die Gegenwart, bestimmt von Transparenz und dem Wunsch, die Zukunft zu sichern, hat etwas erschreckend Zeitloses, Stillstehendes. Das Resultat ist, dass die Zukunft verschwindet. Zurück bleibt eine kleine graue Ewigkeit, in der alle sich gleichen und jeder Morgen so wie das Heute ist, ausgeleuchtet und leblos.

So verschwinden auch Spontanität, Begegnung und Zufall. Denn auch hinter dem Zufall lauert etwas Ungewolltes, nämlich eine radikale Sinnlosigkeit. Auch diese Sinnlosigkeit droht zu verschwinden in den konsumierbaren Lebensanleitungen der Bedeutungsindustrie. Dabei ist es die vordergründige Sinnlosigkeit des Lebens, die dazu auffordert, seinem eigenen Leben selber Sinn zu verleihen. Aber wenn ganz klar ist, was Glück ist und was Erfolg und wie alles auszusehen und zu schmecken und sich anzufühlen hat, dann ist kein Platz mehr für Fragen, auf die es keine Antwort gibt, und kein Raum mehr für die Erfahrung, über sich selbst hinauszuwachsen.

Das Denken verschwindet, weil es die Dinge ordnet, bevor es sie erfasst. Denken ist aktiv, nicht reaktiv. Es unterscheidet und schließt dadurch jenes ein und dieses aus. Es setzt die Dinge zueinander in Beziehung und gibt jedem einzelnen Ding Rang und Wert. Es ist eine intellektuelle Entscheidung, das menschliche Potential an Mitgefühl und Empathie für wesentlicher zu halten als die Fähigkeit, blitzschnelle Kosten-Nutzen-Rechnungen aufzustellen. Es ist eine theoretische Setzung, Krankenhäuser und Schulen für Orte zu halten, die anderen Interessen dienen als dem Profit. Es ist eine geistige Operation, den Sinn des Lebens in Austausch, Verbundenheit und Großzügigkeit zu sehen und nicht in Kontrollierbarkeit, Sicherheit und Effizienz. Das Denken hat eine Idee von der Welt, bevor es sie besieht. Es markiert, wertet und verwirft. So entsteht Bedeutung. Auch die Bedeutung verschwindet, wenn alles mit allem tauschbar ist und nur noch einen Preis besitzt anstelle eines Wertes. Denn alles, was einen Preis hat, besitzt keinen Wert mehr, weil alles Bezifferte sich mit allem anderen Bezifferten tauschen und vergleichen lässt. Märkte sind Agenten des Gleichen und Feinde des Anderen.

Die Absichtslosigkeit verschwindet und mit ihr Freundlichkeit und Zärtlichkeit. Die Freude verschwindet, die Ausgelassenheit, der Überschwang. Die Unschuld verschwindet, weil alle Dinge ihre Absichten in sich tragen wie ein Wasserzeichen. Und wenn die optimierten Menschen gelernt haben, ihre Handlungen endgültig nach dem Gesetz von Stimmigkeit, Brauchbarkeit und Begründbarkeit auszurichten, gibt es irgendwann nichts Zartes und Feines und Edles mehr. Auch die Schönheit verschwindet, weil es nur noch darum geht, sich gut zu verkaufen. Sie verschwindet durch die Geschmacklosigkeit, weil sie weder billig zu haben noch schnell zu verwerten ist. Sie verschwindet durch die pornographische Ausgestelltheit, weil der entblößte Mensch kein Geheimnis mehr hat und keine Aura. Auch die Anmut verschwindet und der Glamour verschwindet und die Pracht verschwindet, weil es sie nicht mehr um ihrer selbst willen gibt, sondern nur noch, um mit ihren überwältigenden Effekten noch mehr Zeug zu verkaufen. Alle Dinge, die um ihrer selbst willen kostbar sind, verschwinden, weil alles Rechtfertigungen braucht und Erklärungen und vor allem Nützlichkeit. Die Großzügigkeit verschwindet, die Hingabe verschwindet und die Leidenschaft.

Das Innehalten verschwindet, die Stille verschwindet und die Pause verschwindet, weil aus allem und zu aller Zeit das Allerletzte rausgeholt werden muss. Die Faulheit verschwindet, die Nutzlosigkeit verschwindet und die Langeweile, die produktiv ist, weil sie ein Aussetzen und ein Aushalten bedeutet. Dafür hat sich eine andere Art von Langeweile breitgemacht, eine lähmende Langeweile, die entsteht, wenn nichts mehr den eigenen Blick zu stören vermag und jeder Morgen nichts anderes ist als die ewige Verlängerung eines hellen und hektischen Heute. Das Verweilen verschwindet, das Vertiefen verschwindet und die Zeit selbst wird knapper und knapper in ihrer andauernden Beschleunigung. Das Zähmen verschwindet, die langsame Annäherung verschwindet, das sich entfaltende Kennenlernen. Die Geschichten verschwinden, weil sie Zufälle sind und Störungen und Unberechenbarkeiten, und die Eleganz verschwindet, weil es nicht mehr darum geht, *etwas* darzustellen, sondern nur noch darum, sich selbst darzustellen.

Die Treue verschwindet, die Loyalität verschwindet und das Beharren verschwindet. Weil man ständig an sich arbeitet, hat man verlernt, an *etwas* zu arbeiten. Weil es nur darum geht, voranzukommen und besser zu werden, sind kein Ding und vor allem kein Mensch es mehr wert, seinetwegen und vor allem bei ihm stehen zu bleiben. Und weil der Wert von allem und jedem mehr und mehr in seiner Nützlichkeit zu liegen scheint, ist sie es, die Beziehungen beginnt und beendet. Dadurch verschwindet die *Qualität.*

Der Geist verschwindet, die Seele verkümmert und mit ihnen alles, was dem Leben Tiefe und Glanz verleiht. Man stellt sich ja nicht mal mehr *dar*, sondern man stellt sich *aus*, als Bild, dessen Inhalt nur noch in seiner Oberfläche liegt. Die Tugend verschwindet, die Ethik verschwindet, der Charakter verschwindet, wenn man ihn als Fähigkeit beschreibt, Werte zu vertreten und zu setzen, die über das eigene kleine Ego hinausweisen. Die Verführung verschwindet, das Ritual verschwindet, das Spiel verschwindet, wenn alles nur noch das ist, was sich zeigt. Verführung lebt vom Spiel aus Nähe und Entzug, vom Verbergen und Offenbaren, von Absicht und Verschleierung. Sie ist die Kunst, den eigenen Ernst nicht ernst zu nehmen und dennoch auf ihm zu beharren. Der Narzisst jedoch kann nicht mehr aus sich heraustreten. Oder gar über sich lachen. So verschwindet der Humor, weil auch er davon abhängt, einen Abstand zu sich oder zur Welt zu finden. Die Frische verschwindet, die Leichtigkeit und das Abenteuer. Das Staunen verschwindet, das Wollen verschwindet und das Können auch.

Vieles bleibt. Die Pornographie bleibt und der Konsum bleibt und die Ironie bleibt. Letztere ist fast am wichtigsten, weil sie dabei hilft, Sachen zu tun, ohne sich einzugestehen, dass man verantwortlich für sie ist. Die Konkurrenz bleibt und der Markt bleibt und der Wettbewerb bleibt. Die gute Laune bleibt und die Wellness bleibt und die Gesundheit bleibt. Die Sehnsucht bleibt und die Hoffnung bleibt und die Unzufriedenheit bleibt auch. Die Ausbeutung bleibt, die Sorge bleibt, die Erschöpfung bleibt. Und das Unbehagen. Weil das doch alles nicht wahr ist. Das Denken schlägt nicht nur eine Schneise in die Welt, es neigt auch zu Übertreibungen, weil nur in solch überspitzter Darstellung die Dinge ihren rechten Schatten werfen.

Es ist alles noch da. Die Schönheit ist noch da und der Mut ist noch da und die Zukunft ist noch da. *Wir* sind noch da. Die Hysterie des Verschwindens gleicht der Angst, die man vor seinem eigenen Schatten hat. Viel wird geschrieben über das Verschwinden und es ist so wahr, wie wir es wahr sein lassen. Es soll nicht mehr vom Verschwinden gesprochen werden, sondern vom Finden und vom Wollen und vom Beharren. Solidarität ist tatsächlich auf vielen Ebenen bedroht, und mit ihr das Wissen, dass wir die anderen Menschen brauchen und uns zugleich den anderen schulden. Solidarität entsteht durch die Einsicht in unsere geteilte Lage und die Ähnlichkeit unserer Grundbedürfnisse. Und unserer seltsamen Natur. Jeder Mensch denkt. Jeder Mensch ordnet die Welt und gibt ihr Bedeutung. Jeder Mensch glaubt an etwas, wie in dieser Geschichte von einer Dame, die gefragt wurde, worauf die Welt denn stehe, dass sie nicht herabfalle in die Tiefe des Alls. »Auf dem Rücken einer Schildkröte«, sagte die Dame, und als sie gefragt wurde, worauf denn die Schildkröte stehe, sagte sie: »Auf einer weiteren Schildkröte«, und so weiter. Letzten Endes sind alles nur Vermutungen, und jeder Blick in die Geschichte beweist die Kurzlebigkeit menschlicher Überzeugungen. Dazu gehören auch Menschenbilder wie jenes des »homo oeconomicus«, das schon wieder zu veralten droht, weil neue Strömungen innerhalb der Wirtschaftswissenschaften die irrationalen Seiten des Menschen ergründen. Vielleicht sind wir nämlich doch nicht so egoistisch und auf unseren Vorteil bedacht, wie wir uns dieser Tage so gerne erzählen? Vielleicht sind wir im Herzen doch anständige und großzügige Leute, die sich füreinander und die gemeinsam bewohnte Welt einsetzen wollen? Und vielleicht, und das ist der wesentliche Punkt, ist das eine Idee vom Menschen, die mehr Sinn und Bedeutung zu erzeugen verspricht, als die ebenso überzeugende Geschichte vom gierigen Affen?

Denn das mit der Kosten-Nutzen-Rechnung und dem rationalen Handeln ist ja zunächst auch nur eine Theorie. Sie mag vielleicht einleuchtend sein, wenn man Gemüse einkauft oder an der Börse spekuliert. Aber taugt diese Theorie, um menschliches Verhalten allgemein zu beschreiben? »Ja, klar, mehr davon und mehr Märkte und Unternehmen und Evaluierungen«, rufen die Ökonomen alter Schule und mit ihnen die Berater und Ratingagenturen.

»Ich weiß nicht«, sagten Leute wie der Wirtschaftsnobelpreisträger Daniel Kahneman oder der Verhaltensökonom Dan Ariely und beschlossen, genauer hinzusehen. Besser gesagt, überhaupt erst einmal zu überprüfen, was doch laut klassischer Ansicht schon längst in seiner instinktgesteuerten Vorhersehbarkeit durchschaut worden war: das echte menschliche Verhalten.

Ariely ist ein wahrer Meister einfacher und lebensnaher Experimente und beschreibt, was analog zum »homo oeconomicus« der »homo irrationalis« genannt werden könnte. Das »Irrationale« bezieht sich auf den Faktor der menschlichen Gefühle, die ebenso handlungsleitend sind wie reine Vernunft und blanker Eigennutz. Wir sind nämlich gar nicht so. Wir sind freundlicher und rachsüchtiger und manchmal sogar dümmer, als die klassischen Wirtschaftswissenschaftler uns glauben gemacht haben. Wir können nicht so gut mit vielen Wahlmöglichkeiten umgehen. Wir würden eher betrügen, wenn andere davon einen Nutzen haben, als zu unserem eigenen Vorteil. Und wir würden manchmal, gegen jede Logik und Vernunft, bis ans Ende der Welt gehen, um jemandem etwas heimzuzahlen. Das nennt Ariely irrationales Verhalten, hauptsächlich, um es von dem Rationalitätsbegriff der anderen Wirtschaftswissenschaftler abzugrenzen. Aber eigentlich ist unser Verhalten nicht irrational, nicht im Sinne von verrückt oder unvernünftig. Es folgt nur einer anderen Logik, die eben nicht nur rational und eigennützig, sondern immer auch emotional oder werteabhängig ist. Warum würde sonst jemand einem Bettler Geld geben oder einem Fremden helfen? Nur um sich gut zu fühlen? Arielys Bücher kommen recht einfach daher, aber die

Implikationen sind gewaltig. Denn das Menschenbild des »homo oeconomicus« ist immer noch wirkmächtig. Es legitimiert Märkte, und es reguliert menschliche Beziehungen. Nachzuweisen, dass es zumindest teilweise einfach falsch ist, ist eine Aufgabe von mehr als philosophischer Tragweite. Es geht um klügere, bessere und wahrhaftigere Einsichten darüber, wer wir sind, was uns motiviert und wie wir zusammenleben wollen. Für sein Buch *Die halbe Wahrheit ist die beste Lüge* hat Ariely untersucht, was Menschen ehrlich bleiben lässt. Natürlich hat er dabei auf die Banken- und Finanzkrise geschaut, die es leicht macht, sich zu fragen, ob wir von Dieben und Betrügern umgeben sind. Ja, da sind einige. Und was soll man jetzt mit denen machen? Höhere Strafen bringen nichts, wie sich herausstellte. Stattdessen hilft es, den Menschen bei seiner Ehre zu packen. Es geht, wie Dan Ariely es ausdrückt, um eine Remoralisierung. Studenten, die vor einem Test über die Zehn Gebote diskutiert hatten, betrogen weniger als solche, die über eine Fernsehserie sprachen. Versicherte, die am Anfang eines Fragebogens unterschreiben mussten, waren ehrlicher als solche, die erst an seinem Ende unterschrieben. Jemand, der seine Ehrlichkeit gelobte, schummelte weniger als einer, der das nicht tat. Es klingt wie ein Kinderspiel. Oder wie die Bußzeremonien der katholischen Kirche. Und doch scheint diese Logik wirklich zu funktionieren, es geht nur darum, sie in einen säkularen Kontext zu stellen. Das Gute der Kirche zu übernehmen und humanistisch zu öffnen gehört zu den großen Aufgaben unseres Jahrhunderts. Wir brauchen Ermahnung und Beichte und Trost. Wir brauchen Ideen und Gründe, die mehr sind als nur wir selbst – gehören nicht die Kirchen, die zum Ruhm Gottes gebaut wurden, zu den schönsten Gebäuden der Welt? Und vor allem brauchen wir ein Menschenbild, das uns als Strebende, Irrende und über sich Hinauswachsende erfasst, anstatt uns in einem Bild oder Urteil zu fixieren. Weil der Mensch sich ändern kann, weil man bereuen kann und büßen und es Vergebung und einen neuen Anfang gibt. Dan Arielys Forschungen beweisen, dass es auch hier nicht nur ums Neu-Erfinden, geht, sondern ebenso ums Erinnern und Vergegenwärtigen. Als ob wir es nicht wüssten.

Menschliche Werte können nicht gefunden werden. Da schneidest du einen Menschen auf und findest keinen Anstand und keine Courage und keine Liebe. Werte müssen erzeugt, bewahrt und gesetzt werden, durch den einfachen Vorgang, dieses für richtig und jenes für falsch zu halten und dementsprechend zu handeln. Sinn kann nicht gefunden werden, Sinn muss erzeugt werden durch Werte und Geschichten und Bedeutung. Bedeutung kann nicht gefunden werden, sie muss gegeben werden durch die Wahl des Blicks, durch das Weglassen und das Wichtig-Nehmen.

Gerade beobachten wir uns, und dieser Blick ist immer ein Blick in die Vergangenheit. Alle Daten sind Vergangenheit, alle Studien sind Vergangenheit, alle Bilder sind Vergangenheit. Wir finden nicht Neues, wir finden immer nur das Gleiche und mehr vom Gleichen. Wir ersticken in der Intimität des Immergleichen. Anstatt weiter zu beobachten und zu kontrollieren und festzuhalten, wäre es an der Zeit, die Frage nach dem guten Leben zu stellen.

Wie wollen wir leben? Was halten wir für wichtig und

was für schädlich? Sind wir alle damit einverstanden, dass sich Institutionen in Unternehmen verwandeln und öffentliche Plätze privatisiert werden? Ist es unser Wunsch, dass alles Arbeit ist, dass alles immer schneller wird und dass Konsum und Eigennutz Genuss, Großzügigkeit und geteiltes Leben korrumpieren?

Die Welt ist, wie sie ist, aber sie ist auch so, wie wir sie gestalten durch die Dinge, die wir fördern. Zulassen. Und fordern. Die Menschen sind meistens weder gleich befähigt noch gleichgestellt, und es gehört zu den wichtigsten Aufgaben gesellschaftlicher Institutionen, mit diesen unvermeidbaren Unterschieden so gut wie möglich umzugehen. Vor allem, weil wir Menschen uns beneiden. Von Geburt an gibt es den scheelen Blick zum Bruder oder zur Schwester und etwas, das der Philosoph René Girard mimetische Konkurrenz nennt – wir orientieren uns aneinander und wir wollen haben, was der andere hat, oder besser noch, *mehr* davon. Dieser Tendenz entgegenzuwirken, ist sowohl Aufgabe der Gesellschaft als auch Aufgabe der Kultur, die Erfahrungsräume bereitstellen muss, in denen die Gemeinsamkeiten erlebt, die Unterschiede reflektiert und die Emotionen geteilt werden können. Doch ebenso gibt es ein menschliches Bedürfnis nach Schönheit und Sinn, nach Freundlichkeit und Hilfsbereitschaft, nach Solidarität und Gerechtigkeit. *Alle guten Dinge werden gemacht.* Vielleicht fangen sie manchmal, so wie die Liebe, mit dem Zufall einer Begegnung an, aber auch dieser Zufall muss in einen Anfang verwandelt und bejaht werden, wieder und wieder. Alle guten Dinge sind irgendwann auch Mühe und Hartnäckigkeit. Das gilt nicht nur für die romantische Liebe, sondern für alle Arten von Verbindlichkeit, die aus etwas Allgemeinem und Möglichem etwas Besonderes und Bedeutungsvolles machen. Es liegt an uns, welchen Ereignissen wir die Treue halten – ob einem Protest vor einer Bank, dem Streik müder Ärzte oder einem schweigenden Protestmarsch. Es liegt an uns, an welchen Werten und Gründen wir uns orientieren. Wem wir zuhören und wen wir ausbuhen. Die Zukunft ist das Ergebnis unserer Wahl.

Alle guten Dinge werden erzeugt, indem man sich ihnen zuwendet, sie pflegt und fördert und stärkt. Indem man den Blick darauf richtet und nicht ablässt, darauf zu blicken, allem Dreck und Schmutz der Welt zum Trotz. Es mangelt nicht an Klagen dieser Tage, es mangelt nicht an Angst und dem Gespenst des Verschwindens. Es mangelt an Mut, an Zärtlichkeit und an Poesie. Es mangelt an Idealen, an Visionen und an guten Geschichten. Es mangelt an Sprache. Als ob wir uns nicht anstrengen müssten füreinander. Als ob es nicht gemeinsam die Welt zu gestalten gäbe, als sie nur immer ohnmächtiger zu bewohnen. Die Freiheit des Menschen liegt in seiner Selbstaufrichtung am Guten, nicht nur um seiner selbst willen, obwohl er am allermeisten davon profitiert, sondern um des Guten willen, das keine andere Begründung braucht. Ohne Werte, Ziele, Gründe, die wir der Leere, die wir in uns finden, entgegensetzen, landen wir in einer Hölle nicht nur ohne Gott, sondern auch ohne Menschlichkeit.

Sich am Guten aufzurichten trotz allen Scheiterns und aller Vergeblichkeit befreit von der narzisstischen Totalität. Alles, was dem Leben Bedeutung verleiht, reicht über das Ego und seine Bedürfnisse hinaus. Leidenschaft empfindet man für einen anderen oder eine Idee, Großzügigkeit ersetzt eigennützige Knauserei durch den Überfluss des Herzens und Eleganz erhebt uns aus dem selbstversunkenen Mangel an Distanz. Aber es geht ja um mehr. Es geht um die Frage, wofür es sich zu leben lohnt, und die einfache Antwort: für das Leben. Für alles, was wir gemeinsam tun und erfahren, für Risiko und Leidenschaft und Hingabe. Für die Schönheit, für die Tapferkeit und für die Liebe. Es muss doch etwas geben, was es zu verteidigen gibt, anstatt immer entsetzter darauf zu starren, wie hier alles den Bach runterzugehen scheint. Das erinnert mich an eine Szene in dem ersten Teil von *Die Heiligtümer des Todes*, der Verfilmung des siebten Teils von J. K. Rowlings Harry-Potter-Saga. Der Krieg ist im Gange, Hogwarts, die Schule von Harry und seinen Freunden Ron und Hermine, ist schon lange geschlossen. Die drei irren durch ein ödes Land, um die sechs Horkruxe zu suchen, in denen Voldemort seine Seele eingesperrt hat, um dem Tod zu entgehen. Die Freunde wissen nicht, ob sie überleben werden, sie wissen nur, dass sie weitermachen müssen. Dann verschwindet Ron, und Harry und Hermine sind alleine in ihrem Zelt. Hermine sitzt traurig neben dem Radio, aus dem das Lied *All the Children* von Nick Cave and the Bad Seeds läuft.

We have the answer to all your fears
It's short, it's simple, it's crystal clear
It's round about and it's somewhere here
Lost amongst our winnings

O children
Lift up your voice, lift up your voice
Children
Rejoice, rejoice

Und Harry stellt sich vor Hermine und reicht ihr die Hand zum Tanz, und sie bewegen sich, erst zögerlich, dann immer ausgelassener, bis die Musik aufhört und sie wieder zwei Teenager sind, ängstlich und voller Sorge. Vielleicht gibt es nur diesen Tanz. Vielleicht gibt es überhaupt nur diesen Tanz und diese kostbaren Momente in dem kurzen Flackern zwischen Geburt und Tod. Aber auf diesen Tanz kann man bauen. Dafür kann man sterben, weil es etwas zu verteidigen gibt, eine Unschuld, eine Freude und eine Hoffnung. Weil es schön ist, dass wir auf der Welt sind.

Es macht etwas mit uns, wofür wir uns halten. Und wie wir uns behandeln. Und aus welchen Gründen wir welche Dinge tun. Wenn man einem anderen vertraut, wird er sich in den meisten Fällen bemühen, dieses Vertrauens würdig zu sein. Das Märchenhafte an Harry Potter ist ja gerade die absolute Bösartigkeit von Voldemort und den meisten seiner Anhänger. In Wirklichkeit lohnt es sich aber, zu glauben, dass in jedem Menschen die Möglichkeit steckt, gut und großmütig zu handeln. Weil es Sinn ergibt. Weil es sich gut anfühlt. Und weil es funktioniert. Letzten Endes ist es eine Frage des gesunden Menschenverstandes. Es ist notwendig, daran zu glauben, dass jeder und jede Einzelne alles besitzt, um der Experte ihres und seines Lebens zu werden, und darüber hinaus noch einen guten Instinkt hat für alles, was das Gemeinwohl und die Gesellschaft angeht. Nein, wir verblöden nicht, auch wenn sich mit dieser These fast so gut Bücher verkaufen lassen wie mit den Geschichten vom gierigen Affen. Nein, wir sind nicht doof, müde vielleicht, ein bisschen überfordert, aber alle noch hier, zusammen, am Leben. Und wir haben die Wahl. Der Mensch ist das Tier, das die Wahl hat, und dass diese Wahl so vielen Menschen auf der Erde immer noch genommen ist, ändert nichts daran. Es liegt am Verhalten jedes einzelnen Menschen, wie die Welt ist. Das ist die Antwort, die wir auf unser Hiersein geben, und das ist die Verantwortung, die es mit sich bringt, am Leben zu sein. Es ist Zeit für eine poetische Revolution, eine neue Antwort auf die Tatsache unseres Daseins. Wir brauchen neue Geschichten darüber, was es heißt, ein Mensch des 21. Jahrhunderts zu sein, was die Liebe bedeutet, was Beziehungen bedeuten, was der andere Mensch für uns ist. Wir brauchen eine neue Sprache, die wieder Platz lässt für Ambiguität und Poesie. Eine Sprache, welche die Dinge und Menschen zum Leben erweckt, anstatt sie zu beziffern und konsumierbar zu machen. Wir brauchen Worte und Gründe, die uns wieder über uns hinauswachsen lassen.

Mit dem blicklosen Getaumel durch Lifestyle, Konsum und Porno geht ja auch ein seltsames Gefühl der Ohnmacht einher: Die da oben, wir da unten, alles immer schneller und teurer und sowieso schlimmer, was kann man da tun?

In einer lebenswerten Welt leben zu wollen heißt, selbst dafür geradezustehen. Es heißt, wach zu sein, mitfühlend zu sein und anwesend in hellen und in dunklen Tagen. Die Zukunft geht uns etwas an. Wir sind doch keine bloßen Zuschauer. Wir sind nicht blöd und wir sind nicht selbstsüchtig. Und vor allem sind wir nicht machtlos.

2011 gab es in Berlin die Ausstellung »Gesichter der Renaissance« – wieder so ein Ausstellungsevent mit meterlanger Schlange davor. Alle strömten zusammen, um sich die Gesichter anzusehen, die noch eine Geschichte hatten und ein Schicksal, dem Vergessen entrissen. Ich ging an dieser Schlange in Gegenrichtung vorbei und schaute mir die Wartenden an, ein englisch sprechendes Pärchen in heller Kleidung, ein Alter im dunklen Jackett mit passender Weste, ein junges Mädchen mit rotem Mund in einem blassen Gesicht. Alle waren sie da und schienen darauf zu warten, wieder einmal einen Blick auf ein fernes oder längst verlorenes Paradies zu werfen, das Ende der Kunst, das Ende der Geschichte, alles ist ja schon vielfach zu Ende gegangen, aber trotzdem waren sie alle da, jedes einzelne Gesicht ein unwiederholbares Antlitz, und ich dachte mir, dass die wahre Ausstellung hier stattfindet. Jetzt und hier.

Literaturverzeichnis

Adorno, Theodor W., *Minima Moralia*, Suhrkamp, Frankfurt am Main 1998

Ariely, Dan, *Denken hilft zwar, nützt aber nicht viel. Warum wir uns immer wieder unvernünftig entscheiden*, Droemer, München 2008

Ariely, Dan, *Die halbe Wahrheit ist die beste Lüge. Wie wir andere täuschen und uns selbst am meisten*, Droemer, München 2012

Aurel, Marc, *Selbstbetrachtungen*, Reclam, Stuttgart 2007

Badiou, Alain, *Lob der Liebe*, Passagen, Wien 2011

Epiktet, *Handbüchlein der Moral*, Reclam, Stuttgart 2005

Epikur, *Philosophie der Freude*, Reclam, Stuttgart 2010

Flaubert, Gustave, *Emma Bovary*, Reclam, Stuttgart 1997

Graeber, David, *Schulden. Die ersten 5000 Jahre*, Klett-Cotta, Stuttgart 2012

Han, Byung-Chul, *Transparenzgesellschaft*, Matthes & Seitz, Berlin 2012

Han, Byung-Chul, *Agonie des Eros*, Matthes & Seitz, Berlin 2012

Hessel, Stéphane, *Empört Euch*, Ullstein, Berlin 2011

Hessel, Stéphane, *Engagiert Euch*, Ullstein, Berlin 2011

Illouz, Eva, *Die Errettung der modernen Seele*, Suhrkamp, Frankfurt am Main 2010

Illouz, Eva, *Warum Liebe weh tut*, Suhrkamp, Frankfurt am Main 2011

Kant, Immanuel, *Werkausgabe*, Suhrkamp, Frankfurt am Main 1977

Komitee, Unsichtbares, *Der kommende Aufstand*, Nautilus, Hamburg 2010

Mailer, Norman, *The White Negro*, City Light Books, New York 1967

Nietzsche, Friedrich, *Gesammelte Werke. Kritische Studienausgabe*, dtv, Berlin 1999

Pfaller, Robert, *Wofür es sich zu leben lohnt. Elemente materialistischer Philosophie*, S. Fischer, Frankfurt am Main 2011

Pfaller, Robert, *Zweite Welten. Und andere Lebenselixiere*, S. Fischer, Frankfurt am Main 2012
Plessner, Helmuth, *Die Stufen des Organischen und der Mensch*, de Gruyter, Berlin 1975
Sandel, Michael J., *Was man für Geld nicht kaufen kann. Die moralischen Grenzen des Marktes*, Ullstein, Berlin 2012
Schulze, Gerhard, *Krisen. Das Alarmdilemma*, S. Fischer, Frankfurt am Main 2011
Seeßlen, Georg; Metz, Marcus, *Blödmaschinen. Die Fabrikation der Stupidität*, Suhrkamp, Berlin 2011
Seneca, Lucius Annaeus, *Das Leben ist kurz*, Reclam, Stuttgart 2005
Sukel, Kayt, *Schmutzige Gedanken. Wie unser Gehirn Liebe, Sex und Partnerschaft beeinflusst*, Primus, Darmstadt 2013
Vogl, Joseph, *Das Gespenst des Kapitals*, Diaphanes, Zürich 2010
Žižek, Slavoj, *Der erhabenste aller Hysteriker. Psychoanalyse und der deutsche Idealismus*, Turia & Kant, Wien 1992

Danksagung

Ich bedanke mich bei Tom Kraushaar, ohne dessen Anregungen und Kritik dieses Buch nicht diese Form gefunden hätte. Mein Dank gilt ebenso Thomas Hölzl, Anna Fastabend, Byung-Chul Han, Danny LaRouge und dem Tropen Verlag.

Ich danke meinen Freunden:
Katie Abbott, Torsten Beckmann, Annette Brüggemann, Luca und Johanna Di Blasi, Petra Buttenberg, Verena Dauerer, Svenja Flasspöhler, Jambi Ganbar, Sylvia Granowski, Daniel Haas, Eric Hahn, Rached Kaiser, Christina Lissmann, Simone Mahrenholz, Leonhard Minutillo, Nana Rebhan, Florian Reistle, Lena Rieckhoff, Ingo Schünemann.

Und meiner Familie:
Adrian, Aida, Andrea, Angelika, Barbara, Beni, Dino, Emily, Eva, Felix, Ferdinand, Helly, Henri, Henny, Klaus, Laura, Leonie, Lou, Luci, Lukas, Madda, Massimo, Maxim, Monica, Natalia, Norris, Oliver, Richard, Ricke, Ruth, Susan, Vicky, Wolfgang, York.